渋沢栄一

運命を切り拓く言葉

愛蔵版

「日本資本主義の父」が実践した
究極の成功哲学

渋沢栄一
池田 光・解説

清談社
Publico

渋沢栄一　運命を切り拓く言葉　愛蔵版

「日本資本主義の父」が実践した究極の成功哲学

はじめに　「成功哲学」から見る渋沢栄一の足跡

お金持ちになりたい。人から成功者と呼ばれたい。――程度の差はあっても、みんなが望んでいることでしょう。

人には、向上心があります。だから、成功したいと思うのは、自然なことです。ただ、成功するには、成功への道筋があります。この道筋を「日本資本主義の父」と呼ばれた渋《しぶ》沢栄一《さわえいいち》（一八四〇〜一九三一）に学ぼうというのが、本書のテーマです。

栄一が生まれたのは、今から百八十年前でした。江戸《えど》末期に現在の埼玉県深谷《ふかや》市の富農に育ちます。慶応《けいおう》三（一八六七）年、徳川慶喜《とくがわよしのぶ》の弟・昭武《あきたけ》がパリ万国博覧会に日本代表として出席することになり、若き栄一も随行員のひとりとして渡欧。各国を巡って見聞を広げている間に明治維新が起こります。

帰国後は、幕臣でありながら大蔵官僚に推されます。その後、民間の立場から商工業を振興。そして、約五百の営利会社の設立や運営に関わるなど、明治・大正時代の経済界を指導しました。

さらに、一橋《ひとつばし》大学などの教育事業、国際親善、社会事業など六百余りに関与します。また、関東大震災では、八十三歳になっていましたが復興の第一線に立ち、尽力しました。

このように栄一は、近代日本の黎明期《れいめいき》から活躍し、わが国に多大な足跡を残しました。


そんな栄一が、新一万円札の肖像に用いられると決定したのは、記憶に新しいところです。昭和五十九（一九八四）年から用いられた福沢諭吉《ふくざわゆきち》（慶應義塾《けいおうぎじゅく》の創立者）の肖像に代わって、二〇二四年からは渋沢栄一の肖像が登場し、私たちに身近な存在になります。

本書は渋沢栄一の言葉集として、彼の著述から厳選した言葉の一つひとつにわかりやすく解説を加えたものです。得られる内容を記しておきましょう。


【渋沢栄一の生涯と、成功哲学がわかる】栄一は江戸末期から昭和初期までを駆け抜けました。その生きざまと、成功や立身出世についての考え方を学びます。

【王道と事業のあり方が学べる】道には「王道」と「覇道《はどう》」があります。王道によって明治・大正時代の経済界を牽引《けんいん》した、栄一ならではの指導理念を学びます。

【志の持ち方と、富の得方《えかた》がわかる】金銭欲や名誉欲に流されない「志ある生き方」「中《ちゅう》庸《よう》の生き方」が学べます。また、富をどのように得たらいいかを理解します。

【『論語《ろんご》』の読み方や、勉強法が学べる】孔子《こうし》の言行録である『論語』を事業経営の規準にしようと栄一は提言しました。そんな『論語』の読み方や勉強法を学びます。

【人物論と、日常の心がけがわかる】明治維新の英雄たちと親しく交わった栄一ならではの人物論を知ることができます。また、中庸を軸とした日常の処し方を学びます。

本書の基底には、栄一の「成功哲学」が流れています。この成功哲学は自分さえうまくいけばいいという利己的なものではありません。くわしくは、第2章をご覧ください。

スポーツや勝負の世界では、勝つか、負けるか。——この一点に成功哲学が集約されています。令和五（二〇二三）年のWBC（ワールド・ベースボール・クラシック）でチームを優勝へと導いた栗山英樹《くりやまひでき》監督は、北海道日本《にっぽん》ハムファイターズの監督時代、選手を育てるのに、渋沢栄一の『論語と算盤《そろばん》』を用いました。プロ野球では、勝率を競う「算盤」と、人間力を高める「論語」の両立が必要だと考えたからです。

そして、当時、入団一年目の大谷翔平《おおたにしょうへい》選手にこの本を手渡しました。素直に読んだ大谷選手は、「成功と失敗は自分が一生懸命やってきた残りかす」と考えていた、と栗山は証言しています（栗山英樹『育てる力』）。大谷選手の考え方は、「世俗的な成功やお金は、働いたあとに残る糟《かす》だ」（→15項参照）という、栄一の哲学と同じものです。

人間力を欠いた成功哲学は本物ではない。これが栗山の信条でしょう。さらに彼は、プロ野球の社会的責任にまで目を向けています。社会的責任と言えば、かつて経営学の権威であるピーター・ドラッカー（一九〇九～二〇〇五）は、名著『マネジメント』の日本語版への序文で、栄一を「企業の社会的責任の先駆者だ」として称賛を寄せました。

「経営の『社会的責任』について論じた歴史的人物の中で、かの偉大な明治を築いた偉大な人物のひとりである渋沢栄一の右に出るものを知らない」（ドラッカー『マネジメント』）

栄一が指導したのは、「論語と算盤」「道徳経済合一」で知られるように、道徳（企業倫理）によって経済活動を筋道正しいものにすることでした。

二十一世紀に入ると、多くの企業がCSR（企業の社会的責任）などの取り組みを始めました。そして企業は、利益を追求するだけでなく、多方面の利害関係者や社会に対して責任ある行動を取ろうとする方向に舵《かじ》を切り始めました。

たとえば昭和時代の企業は、利害関係者のなかでも従業員、株主、顧客だけに目を向けていました。これらに取引先を含めるくらいがせいぜいでした。しかし、現代は環境問題が深刻化し、大げさではなく地域社会や地球環境に目を向けない企業は生き残れなくなるでしょう。社会的責任の比重が増しつつあるのです。

この社会をよくしたいと考え、本物の「成功哲学」を模索する人なら、「日本資本主義の父」である渋沢栄一に学ぶことが欠かせないでしょう。栄一が成し遂げた功績は世界に誇るべきことです。どうぞ、本書がみなさまのお役に立てますよう、心から願っています。

池田《いけだ》　光《ひかる》

渋沢栄一　運命を切り拓く言葉　愛蔵版　［目次］

第2章

運命を拓く

第3章

王道を歩む

第4章

経営と道徳

第5章 お金の本質

第6章 志の持ち方

第7章 勉強の意義

第10章 日々の習慣

第1章

人生の価値

1

最善の道を選択する

私は青年時代において攘夷《じょうい》を唱えたのであったが、後《のち》これを改めて通商貿易論者となった。これなども止《とど》まるに非《あら》ずしてやはり進歩である。

◎広く情報を得れば得るほど、進むべき道が見えてくる

天保《てんぽう》十一（一八四〇）年、現在の埼玉県深谷市血洗島《ちあらいじま》に渋沢栄一は生まれました。生家は畑作、藍玉《あいだま》の製造と販売、養蚕を行う裕福な農家です。栄一は幼くして、父から『大学《だいがく》』や『論語』などの手ほどきを受けます。満七歳になると、従兄の尾高惇忠《おだかあつただ》（一八三〇～一九〇一）に師事。尾高は「読みやすいものから入るが一番よい」（『渋沢栄一全集』第五巻）と指導し、読書範囲は歴史書や通俗本などにも広がっていきました。

しかし、読書に耽溺《たんでき》していく栄一に、「お前もかぞえで十四歳になったから、家業にも心を入れてもらわなければならんぞ」と父は釘《くぎ》を刺します。ときは幕末であり、黒船《くろふね》来航によって世情は騒然としていました。そんななか、師の尾高は水戸《みと》学派に傾倒し、「国は鎖《とざ》さなければならぬ。夷狄《いてき》（外国人の蔑称）は攘《はら》わねばならぬ」として、幕府の開港政策を批判。栄一も師にならって攘夷論を唱え、尾高をリーダーとして倒幕思想へと傾いていきました。――後日談ですが、十数年後、パリ万国博覧会のために渡欧した栄一の視野は広くなり、開国政策に転じると通商貿易を支持します。栄一は、広く学んだ情報から最善の道を選択していく進歩主義者だったのです。

2

既成概念を打破する

わが国は武士を尊《たっと》び、
官吏となるを無上の栄光として、
商工業者となるを恥辱と心得ていた。
これは本末を誤ったもので、
努めてこの謬見《びゅうけん》を脱却しなければならない。

◎意識転換なくして、古い価値観は打破できない

十六歳のあるとき、栄一は生涯忘れることができない苦い体験をします。

渋沢家は、領主安部摂津守《あべせっつのかみ》の御用達《ごようたし》として、何かのたびに御用金《ごようきん》を命じられていました。その日、風邪で寝込んでいた父の名代《みょうだい》として、栄一は代官《だいかん》屋敷に出頭します。

「このたびは、姫さまがお輿入《こしい》れされるにつき、そのほうどもに御用金を申しつける」

御用達の一座が承服するなか、栄一は平伏しながら、「帰って父に申し伝え、改めて出頭いたします」と答えます。無礼者と代官は声を荒らげて嘲弄しますが、同じ返答で押し通しました。このときの官の横暴さに屈辱を覚えた栄一は、**「憤慨の念は心魂《しんこん》に徹して、どうしても忘れることができない」**（『青淵《せいえん》回顧録』上巻）と、強い口調で述懐しています。

この体験が、若い栄一に官尊民卑（官＝武士は尊く、民＝農工商の従事者は卑しい）の打破への思いを芽生えさせました。そもそも官尊民卑は戦国時代に始まり、江戸時代の封建制度のもとで発達したと栄一は言います。維新後は身分制が撤廃されますが、長い間の民卑意識は人々にしみついたままでした。真の打破には意識を変えることが必要で、それには商工業者の品位向上が欠かせないと栄一は考え、後年その課題に挑戦していくのです。

3

自立した人生

子が孝をするのではなく、
親が子に孝をさせるのである。

◎栄一が自由に羽ばたいていった理由

安政《あんせい》五（一八五八）年の暮れ、十八歳の栄一は、尾高惇忠の妹・千代《ちよ》を妻に迎えます。父は、跡取り息子として家業になんとか落ち着かせようとしたのです。

しかし、父の目論見《もくろみ》はうまくいきませんでした。その後も栄一は、師の尾高をリーダーとして時勢を論じ、同志を募り、倒幕の密議を重ねます。そして、東京・神田《かんだ》の武具商から槍《やり》や刀を調達すると、決起の思いを秘めた栄一は、二十三歳のときに勘当を願い出ます。家族に迷惑をかけまいとしたのです。その決心の固さを見てとった父は、

「私は隠居して、お前に家業を継がせたかった。いつまでもお前を手許《てもと》にとどめておきたかった。しかし、無理に私の意に従わせようとすれば、かえってお前を不孝の子にしてしまうであろう。それは私の忍びざるところだ。お前の体は、お前の自由にするがよい」

と折れます。父の言葉の「不孝の子にしてしまう」とは、無理強いすると、志の堅い息子は親や家を捨てなければならず、親不孝にしてしまうという意味です。逆に、親孝行な息子にするには、親が折れるしかありません。――子どもの安定を願うのが親心です。が、子どもの志を尊重し、その独立を認めるには、子離れするしかなかったのです。

4

忠誠心より志

蚊のたかってくるように、
用のたかってくる人にならなければいかんよ。

◎まわりから「用」がたかってくる人間になれ

京都に潜伏して情勢を探っていた尾高惇忠の弟・長七郎《ちょうしちろう》は、帰郷すると、栄一らの密議の席で「今、決起しては無駄死ににになる」と諌《いさ》めました。激論の末、一同は倒幕計画を思いとどまります。幕府から危険視されていたため、栄一は目をかけてくれていた一橋《ひとつばし》家の用人《ようにん》・平岡円四郎《ひらおかえんしろう》（一八二二～一八六四）の家来として京都に逃げのびます。

こうして一橋家の家臣となった栄一は、次々と建白書を出し、一橋家のために働きました。ところが、慶応二（一八六六）年、徳川十四代将軍・家茂《いえもち》が二十一歳の若さで病死すると、将軍職を一橋慶喜が引き継ぐことになったのです。倒幕の志をいだいていた栄一が、十五代将軍に就いた慶喜のもとで幕臣となったのは、歴史が与えた皮肉です。志を果たそうと倒幕に動けば、主家への反逆となります。志と不忠との矛盾に、栄一は悩みます。

ときに幕府では、慶喜の弟・昭武をパリ万国博覧会に派遣する計画が進行中でした。慶喜はその随行に栄一を推挙し、栄一の矛盾は棚上げされます。――慶喜から抜擢《ばってき》され、帰国後は新政府から出仕を要請された栄一。「蚊がたかるように、用のたかってくる人になれ」とは栄一の口ぐせですが、一橋家→幕府→新政府から「用」がたかってきたのです。

5

自分の生きる道の決め方

余が実業界に身を投じたるは、
自己の利益のためではない。
わが国の商工業者の地位を進めて、
国家の富を増したいというのが、
唯一の目的であった。

◎なぜ、実業界に身を投じる決意をしたのか

慶応三（一八六七）年、昭武らの一行はパリ万国博覧会に出席し、その後も欧州各国を歴訪していました。故国では新政府へと政権が移り、帰国を命じられます。栄一は、江戸《えど》城《じょう》を明け渡して駿府《すんぷ》（静岡市）で謹慎していた慶喜に会見し、約一年半の渡欧体験を報告。

栄一には、欧州各国を回って、とくに印象に残った三つのことがありました。

①大衆の金を集めて大規模な営利活動をする「株式会社」の制度が有効であったこと。

②軍人（武士）と銀行家（商人）とが対等に話し、官尊民卑がなかったこと。

③国王そのものが国益のために売り込みをするセールスマンであったこと。

異国での学びを生かして殖産事業を起こそうとした栄一は、静岡紺屋町《こうやまち》に日本初の株式会社（当時は「合本組織」）である「商法会所《しょうほうかいしょ》」を設立します。そんなとき、新政府から出仕せよとの呼び出しを受けます。雄弁家で知られる大隈重信《おおくましげのぶ》の説得で、明治二（一八六九）年、三十歳の栄一は大蔵官僚に就任。そして、次々と働きをしたものの、財政改革の主張が入れられず、明治六（一八七三）年、上司の大蔵大輔《たいふ》（現在の事務次官）・井上馨《いのうえかおる》とともに辞職しました。下野《げや》すると、商工業を振興して国家の繁栄に尽くそうと決意します。

6

志の実現に必要なこと

民間に品位の高い知行合一《ちぎょうごういつ》の実業家が現われ、率先これに当るようにせねばならぬものであると感じた事が、私をして論語の鼓吹者《こすいしゃ》たるに至らしめた。

◎『論語』を振りかざして実業界を指導

明治の新しい世において、列強と肩を並べるには産業立国とならなければならず、そのためには商工業者の地位向上が欠かせないと栄一は考えました。栄一の認識は、**「世界的競争を観《み》るに、帰するところは、その国の富力、換言すれば、実業上の勢力に在る」**（『渋沢栄一訓言集』）というものです。ところが、商工業者の地位を向上させるうえでネックとなっていたのは、江戸時代から根強く残っている官尊民卑の意識でした。

栄一はみずから、品位の高い実業家であろうとしました。さらに商工業者の地位を高めるために求めたのが、『論語』でした。かつて江戸時代においては、『論語』は為政者である武士が学ぶものでした。が、そうではなく、『論語』は生きるうえでの規準になるもので、あらゆる人々に必要だ、というのが栄一の考えだったのです。**「論語の教えは広く世間に効能があるので、元来解《わか》りやすいものであるのを、学者がむずかしくしてしまい、農工商などの与《あず》かり知るべきものでないというようにしてしまった」**（『論語と算盤』）と述べています。そして、栄一は生涯において『論語』を規準にした生き方を貫き、みずから『論語』の鼓吹者として率先していきました。

7

損失覚悟ですべきこと

国家としてどうしても必要であると
信じた事業に対しては、
たとえ不成績のため他の重役が逃げ出しても、
私は損失を堪《た》え忍んで
最後まで踏みとどまって努力し、
多くは目的を達成した。

◎たとえひとりになろうとも、「国益事業」を守り抜く

栄一が関与した営利会社は五百社ほどですが、どれも名誉職ではなく、実質的な関わりを持ちました。それどころか、国になくてはならない事業には、栄一は事業損失に耐えても、ひとりで経営を維持しようとしたのです。明治二十（一八八七）年に設立された、東京人造肥料会社（現在の日産化学《にっさんかがく》）はその例です。

のちに、世界的な化学者となる高峰譲吉《たかみねじょうきち》（一八五四～一九二二）は、英国留学から帰国すると、「化学肥料は農作物の増産に寄与し、国益のためになるに違いない」と、化学肥料製造工場の有用性を説きました。

栄一のほかにも、浅野総一郎《あさのそういちろう》（浅野セメントの創業者）、益田孝《ますだたかし》（三井《みつい》財閥を支えた実業家）など、当時の財界人が発起人となって東京人造肥料会社を設立します。

委員長に栄一、技師長に高峰が就任しました。しかし、業績は思わしくなく、また工場が火災によって失われるに及んで、同志たちの腰は引け始めます。崩れそうになったとき、栄一は「諸君が解散を希望されようと、わが国の将来のため、私が株式のすべてを引き受けて経営する」と言明。その不退転の決意によって、事業を軌道に乗せました。

8

人間の義務

何もせずに暮らすは
一つの罪悪である。

◎老いぼれの身ではあるが、終生現役で世の役に立つ

昭和五（一九三〇）年十二月、九十歳の栄一は風邪を引き、熱を発して寝込んでいました。

そんなとき、社会事業家たちが面会を求めて、

「二十万人もの人々が、年末の寒さと飢えに苦しんでいます。なのに、政府は予算の裏づけがないからと、救護活動をしません。政府に働きかけていただけませんか」

と陳情します。

「老いぼれの身ですが、できるだけのことはしましょう」

栄一は引き受けると、大蔵大臣と内務大臣に面会の申し込みをし、自動車を用意させました。体を心配して引きとめようとする家族や主治医に対して、

「先生のお世話で、こんな老いぼれが養生しているのは、せめてこういう時のためですよ。もしこれがもとで私が死んでも、二十万人の不幸な人たちが救われれば、本望じゃありませんか」（渋沢秀雄《ひでお》『渋沢栄一』）

と告げて出かけます。救護法は翌年、栄一が亡くなってから実施の運びとなります。

「役に立たぬくらいなら死んだほうがよい」とまで語った栄一ならではのエピソードです。

9

最期の迎え方

真《しん》の安心立命《あんしんりつめい》は天に在る。

◎たとえ死んでも、わが魂はこの国の事業を守護している

最晩年のことです。病が悪化して寝込んでいた栄一は、どんな病にかかっているのか、うすうす気づいていたようでした。が、医師に病名を尋ねることはありませんでした。むしろ病床では、冗談めかした口をきいて周囲をいたわっていました。

昭和六（一九三一）年十一月、栄一は九十一歳の生涯を閉じます。直腸がんでした。

「それは晏如《あんじょ》として『天命』の上に仰臥《ぎょうが》している感じだった」（渋沢秀雄『渋沢栄一』）

と、子息の渋沢秀雄は記録しています。

晏如とは、安らかで落ち着いているさまをいいます。つまり、安らかに「天命」（天の使命）の上で仰向きに寝ている感じであったと描写したのです。安心立命の境地にいる人は、どんな事態に遭遇しても狼狽《ろうばい》しません。——この境地を栄一は宗教にではなく、儒教に求めました。人力のすべてを尽くしたあとは、わが身を天命に任せ、あとは思い煩うことがないというのが儒教のあり方です。

経済界に対しては、「たとえ私は死にましても、タマシイはみなさまのご事業を守護いたします。どうか邦家のためご尽力ください」（同書）という別れの言葉を遺《のこ》しました。

10

価値ある人生

自己の学問智識《ちしき》を応用し、
社会のため、国のため、愉快に活発に働いて、
人たるの本分をつくすが、
人としての価値ある一生である。
人もし余の一生を通じたる主義いかんと問わば、
余は前のごとく答うるものである。

◎世のために尽くしたからこそ、死を悼む四万人が列をなした

幕末のころに、栄一は将軍慶喜の弟・昭武の随行員として欧州各国を訪問したことはすでに述べました。こうした体験から学んだことを応用して、社会や国のために働き続けました。――自己本位に生きるより、世のために生きたのです。しかも、愉快に働いたといい、これを価値ある一生だと、右の言葉でまとめています。

栄一が没した昭和六（一九三一）年、子息の渋沢秀雄は、短歌雑誌の『アララギ』を繰っていて、「渋沢栄一翁の逝去を悼む」と題した一首を見つけます。

「資本主義を罪悪視する我なれど　君が一代は尊くおもほゆ」

そのころは、プロレタリア運動が盛り上がっていました。短歌の投稿者は、資本主義を罪悪視するプロレタリアートだったのでしょう。秀雄は、

「誠実に働き通した父の一生は、人生観や社会観のちがう若い人にも、この歌のような例外的共感を呼びおこしたと見える」（渋沢秀雄『渋沢栄一』）

と感想を記しています。栄一の葬儀は、青山《あおやま》斎場で行われました。式場や霊柩車《れいきゅうしゃ》が通る沿道には、四万人を超える人々が参列したそうです。

第2章

運命を拓く

11

これからの成功者

ただ金を多く儲《もう》けさえすれば、
それで成功である
というのは、
すこぶる道理に背くものである。

◎成功するにも、「道理」に背くなと釘を刺す

明治四年（一八七一）に解放令が発布。こうした一連の政策によって士農工商（四民）の身分制が撤廃されていき、いわゆる四民平等が実現しました。身分意識は根強く残っていたものの、人々の頭を抑えつけていた身分制が払われると、自由の風潮が広がります。

もともと、人には向上心がそなわっています。成功をテーマにした書籍や雑誌が次々と発刊され、若い世代を動機づけました。この時代の成功とは、「功（社会的に認められた手柄）」を成すことであり、立身出世することでした。向上心に火がついた青年たちは、名を上げ、功を成し遂げた「成功者」に憧れました。これを社会的成功と呼びましょう。

他方で、個人的成功があります。たとえば、第一志望の学校や企業に受かれば、成功といえます。これは目標の達成＝成功であり、身内にとっての祝いごとです。

ともあれ、青年たちは社会的成功や個人的成功を求めて努力を惜しみませんでした。そんななかにあって、「日本資本主義の父」と称された栄一は、独自の成功哲学を説きます。成功には道理が必要だと釘を刺したのです。第2章では、栄一が説く「成功哲学とは何か」を見ていきましょう。これはまた、本書の基底に流れるテーマでもあります。

12

栄一が説く「成功哲学」

正義人道に基づいて、
国家社会を利するとともに、
自己もまた富むものでなければ
真の成功者とは言われない。

◎道徳と経済が合一するところに、成功哲学を築きあげた

栄一のほぼ同時代の評論家・山路愛山《やまじあいざん》（一八六四〜一九一七）は、「渋沢は決して金持ちではない。また、金持ちとして成功した人でもない。そうではなく、公の活動によって歴史に刻まれるべき人物だ」という意味のことを発表しています。その背景には、栄一を財閥と同類視する向きがあり、愛山はこの誤りを解こうとしたのでしょう。

栄一にとって、成功者とはお金や名誉を手に入れた人物である、というだけでは不十分でした。そうではなく、真の成功者とは、①正義人道に基づいて、②国や社会を益するとともに、③自分もまた富む、というものでした（右の言葉を参照）。

①の「正義人道に基づく」とは、人としての正しい道を堂々と歩んでいくことです。その道は王道であり、決して私腹を肥やそうとする道（覇道）を突き進んでいくことではありません（→22項参照）。

そして王道を歩んでいけば、②「国や社会を益する」という公益と、③「自分が富む」という私益が同時に得られます。――以上のことは、「正義人道（道徳）」と「公益・私益（経済）」を合一させることにほかなりません。これが栄一の成功哲学だったのです。

13

価値がない成功

人道を踏外して成功の地位に達するごときは、
全然価値なきものである。

◎堂々と王道を歩んで成功を勝ち取れ

前項で、栄一の成功哲学を紹介しました。それは王道を歩むという成功哲学でした。右の言葉は、この哲学を別の角度から補完するものです。つまり、人の道を踏み外した覇道によって成功しても、そんな成功など、まったく価値がないと言い切ったのです。

徳によって治める「王道」、力によって治める「覇道」は、儒教における政治理念です。これら「王道」と「覇道」を、栄一は経済界に置き換えてこう定義します。

「多数の幸福、一国の繁栄を目的として事業を経営するを王道と言う。これに反し他を虐げて自己の利益をはかるを覇道と言う」（『渋沢栄一訓言集』）

栄一の偉さは、みずからが王道を歩んだことです。公益を重視し、その結果として私益が得られる——というと、それはきれいごとではないかと思われるかもしれません。

しかし、栄一は、私益より公益に重きを置きました。これが「日本資本主義の父」が説いた原点です。世間では、巨富を得れば、成功者だともてはやすかもしれません。ですが、「私益」を目的にすると、みずからが腐っていきます。そんな人を社会は許しません。また、そんな事業は、永続することができないのです。

14

偉大な人の条件

成功
必ずしもその人の
偉大なる所以《ゆえん》を語るものではない。

◎「高さ」「深さ」「広さ」がそろえば、その人物に文句はない

栄一の偉いところは、みずからが王道を歩んだことです。ところで、偉い人とはどんな人なのでしょうか。――筆者はこれまで、安岡正篤《やすおかまさひろ》、中村天風《なかむらてんぷう》、本多静六《ほんだせいろく》といった人物から学び、彼らの言葉集を出版してきました。その傍らで、いったい誰が一番偉いのだろう、と考えることがありました。そして、偉い人の条件を考えていくうちに、「高さ」「深さ」「広さ」という三つの観点が浮かびあがってきました。

①高さ――偉大性です。どれだけ高い志を持っているか。また、その志を果たそうとして、どれだけ高い業績を上げたか。

②深さ――人格性です。どれだけ深い人生哲学を持っているか。また、みずからの人生哲学に外れないで生きるという「思想と行動の一貫性」があったか。

③広さ――公益性です。どれだけ広く社会や人々の役に立ったか。

これら三つの観点に当てはめると、どの条件においても栄一は高得点です。これが、栄一の大きさです。ちなみに、世間でいう成功者とは、第一の「高さ」が高い人ではないでしょうか。これに加えて「深さ」や「広さ」を忘れてはならないでしょう。

15

永く成功する鍵

成功出世をするには、
まずもって実力を養う事が肝要である。

◎成功は、社会に貢献した「糟」でしかない

栄一はシンプルに、成功するには実力を養うことだ、と右の言葉で述べています。たとえば一時的に名前が売れても、実力がなければ虚名です。そんな人が責任ある立場に就いても、いずれ虚飾がはがれて地位を追われるだけでしょう。

また、成功を焦らないことです。焦ると、大局観（物事の全体的な状況やなりゆきに対する見方）を持てなくなり、目先の利害にとらわれます。ここでつまずくと、一生を台無しにしかねません。そこで、実力を養うことに専念し、大局観を持って成功したとしましょう。ここでも落とし穴があります。得意の絶頂期に、失敗の兆しがあるのです。得意のときこそ、いっそう気を引き締めることです。

栄一はよく、世俗的な成功やお金は、働いたあとに残る糟だ（↓41項参照）と言います。「糟」というのは、栄一らしい表現です。現代に生きる私たちには、糟を「ご褒美」と言い換えてもいいでしょう。成功やお金は、世のために働いたあとに得られるご褒美（糟）だと銘じておけば、虚名に走ることもなく、いたずらに焦ることもなく、得意のときに驕《おご》ることもなく、道を誤ることはありません。

16

調子に乗らない

一時成功のごとくに見えた人の、
たちまち失敗するのは、
いずれもみな
ハズミに乗って調子づくからである。

◎得意のときの「心の引き締め方」が、その後の浮沈を決める

放物線の頂点は過不足がなく、バランスが取れた状態です。右の言葉の「ハズミに乗って調子づく」とは、放物線の頂点を過ぎてしまうことです。人は調子に乗ると、頂点にとどまることが難しく、つい過ぎてしまいがちです。そんなときです。

逆にまだ頂点に達していないときは、足りない状態です。失敗するのは、そんなときは、成功しないまでも、致命的な失敗をすることはありません。

たとえば、話すのが苦手な人は、出すぎることはないので、さほど失敗しません。逆に話すのが得意な人は、つい調子に乗っていらぬことまで口にし、得意なところでつまずくことが多いものです。栄一が、**「失敗は多く得意の日にその兆しをなしておる」**（『青淵百話』）と言っている通りです。

『論語』に、過ぎることを戒めた言葉があります。「楽しみて淫せず、哀《かな》しんで傷《やぶ》らず」（『論語』八佾篇《はちいつへん》）がそれです。淫せずとは、度を超した楽しみ（淫楽）に浸らないことです。傷らずとは、悲しみに心を引き裂かないことです。ほどよいところでとどまる自制心、過ぎない抑制心を養うことが、成功を長続きさせる秘訣《ひけつ》です。

17

小事を大切にする

小事を粗末にするような粗大な人では、
所詮大事を成功させることはできない。

◎目は大局を見据え、手は小事を積みあげる

成功した人で、小事を疎《おろそ》かにした人はいません。天下統一を果たした豊臣秀吉《とよとみひでよし》（一五三七～一五九八）のスタートは、織田信長《おだのぶなが》の草履取りというささやかな仕事でした。よく知られているように、秀吉は厳寒の冬の日に、主君の草履を懐で温めるという工夫《くふう》をしました。どんなに小さな仕事でも粗末にせず、どれだけ一所懸命になれるかで、将来はまったく違ったものになります。秀吉の場合は、天下取りになりました。その最初の一歩は、こんな小事にあったのです。

小さな部品の製造だけで、世界ナンバーワンのシェアを誇っている企業があります。あえてニッチ（隙間市場）を選び、他社に真似《まね》ができない技術力を保持しながら、さらなる工夫に余念がありません。だからナンバーワンをキープできるのです。

小事にこだわると同時に、他方で大局を見失わないことです。栄一は、**「前途を見極めずして手を出すは、暗中模索にひとし。決して成功の道ではない」**（『渋沢栄一訓言集』）と忠告します。先行きを見据えるためにも、大局を踏まえること。徹底的に細部にこだわること。これら両極を押さえることで成功者への道が開けます。

18

小成に甘んじない

小成に安んずる者は
なお鉢植の松のごとく、枝振りは好《よ》いが
生気が少ない。

◎この山の頂上にたどり着いたら、次の山を目指せ

何かを成し遂げるプロセスを、山登りにたとえることができます。頂上を目指して、山道を登る一歩一歩は、転ばないように足元を見つめることが大切です。これは前項の徹底的に細部にこだわることに近い感覚です。

頂上に達すると、そこから見下ろす景色のなんと広々と開けていることでしょうか。しかし、ここで満足してしまう人は、ここまでの成功で終わってしまう人です。右の言葉の「小成に安んずる者」と呼んでいいでしょう。江戸末期に生まれた栄一は、大正時代の青年たちに向かって、

「近頃の青年はいかにも元気がない。沈着はまことに結構なことではあるが若い間は勇敢一途《いちず》で困ると言われるくらいの方がかえってよい」（『渋沢栄一訓言集』）

と述べて、発破をかけます。

目を転じると、次の山がそびえています。はるか向こうに見える山々を眺めると、新たな闘志が湧いてくることがあります。

小成に甘んじることを許さない元気が、大成を成し遂げさせるのです。

19

開運の二つの条件

窮すればすなわち通ずという格言がある。
人はいかに窮迫に会っても、
至誠と勉強に欠けるところがなければ、
必ず開運の道がある。

◎どんなに行き詰まっても「至誠」と「勉強」で道は開ける

どんなに事態が行き詰まっても、二つの要件に欠けていなければ、開運の道があると栄一は断言します。その二つとは「至誠」と「勉強」であり、いかにも栄一らしい要件です。

◎至誠——まごころのこと。人と対するときに**「世に至誠ほど、偉力あるものはない」**（『渋沢栄一訓言集』）と栄一は教えます。「至誠天に通ず」という格言があるように、まごころを尽くせば好結果がもたらされます。

◎勉強——知識や技術を学ぶこと。勉強は自分を向上させることができます。一回りも二回りも大きくなった自分が新しい活路を見いださせます。

右の言葉にある「窮すればすなわち通ず」の出典は、『易経《えききょう》』です。「窮まれば則《すなわ》ち変じ、変ずれば則ち通ず」（『易経』繋辞下伝《けいじかでん》）を縮めたもので、意味するところは、

「どん詰まりの状態にまで進むと、そこでなんらかの変化が起こり、変化することで新しい展開へと通じるものだ」

ということでしょう。この変化を起こす成功への要件が、「至誠」と「勉強」にほかなりません。

20

運命を決める二つの人生観

どんな賢い人でも、
社会というものがなければ
成功することはできない。
だから成功した人は
社会に恩返しをしなければならない。

◎「社会に生かされている」と悟って恩返しをする

人生観の違いによって二つのタイプが生まれる、と栄一は言います。

第一は、社会のなかでうまく立ち回り、社会を利用してやろうとするタイプです。このタイプの人は、どう活動すれば最大限の私益を得られるかということに関心をいだいています。――これは自分のために社会があるという「自分ファースト」の生き方であり、栄一は「主観的人生観」と呼びました。

第二は、社会が「自分」を育んでくれたと受けとめるタイプです。社会はときに困難を与えますが、そうした試練も含めて、社会あっての自分だと考えます。――栄一自身がこのタイプの人でした。このような生き方を、栄一は「客観的人生観」と呼びました。

若いころは主観的人生観で生きていた人も、何年も何十年もまじめに社会生活を営んでいるうちに、**「人は己れ一人のみで何事もでき得るものでなく、国家社会の保護があればこそ、富みかつ栄えて、安全に生活することができる」**（『渋沢栄一訓言集』）という栄一の教えに気づくものです。少なくとも成功した人なら、客観的人生観に目覚めて、社会に恩返しすることが大切でしょう。

第3章

王道を歩む

21

王道の歩み方

欲望は、仁義道徳に由《よ》って活動するを要する。

◎正しく欲望を燃やせば、成功への元気があふれる

相反する「欲望」と「道徳」の関係は、昔から問われ続けた問題でした。栄一はどう考えたのでしょうか。――まず栄一は、欲望を否定していません。欲望によって人は何かを成し遂げようとするからです。たとえば勉強するのも、向学心という欲望が原動力になります。だから、大いに欲望を燃やせばいいのです。むしろ、欲望を燃やせば燃やすほど元気が出ます。そうすることが、人間にとって最も自然で、健康的な生き方です。

しかし、欲望をむき出しにしたまま、富を得ようとしたり、成功しようとしたりするのは「覇道」です。栄一は、覇道を避けるべきだと考えました。

そもそも、栄一が説く成功とは、①正義人道に基づいて、②国や社会を益するとともに、③自分もまた富む（↓12項参照）というものでした。――仁義道徳（正義人道）に基づいて大いに欲望を燃やして活動するなら、それは王道を歩むことであり、欲望を肯定することができます。これが右の言葉の意味するところです。

欲望を無理に抑え込んでしまうと、人は小さく、弱々しくなります。そんな隠棲《いんせい》に導くような道は、無欲を説く裏道です。決して王道ではありません。

22

覇道と王道の違い

実業者にして、その一家の富のみを図るは、
覇道である。
公利公益を努《つと》むるは王道である。

◎「私益を追求していたら、岩崎弥太郎にも負けなかったろうよ」

栄一は、次の三つのことを自分に強く戒めました。①大政治家となって権力を得ようという野心、②大実業家となって名を上げようという功名心、③大富豪となって金儲けをしようという欲望。――①権力、②名声、③お金は誰もが欲しいものですが、これらは私益です。栄一は私益より、公益を重視しました。後年、栄一は家族団欒《だんらん》の折に、

「私がもし一身一家の富むことばかりを考えたら、三井（三井財閥）や岩崎《いわさき》（三菱《みつびし》財閥の創始者である岩崎弥太郎《やたろう》）にも負けなかったろうよ」

と家族たちに笑顔を向け、「これは負けおしみではないぞ」（渋沢秀雄『明治を耕した話』）と語ったことがあります。

明治十一（一八七八）年のある日、岩崎弥太郎は栄一を向島《むこうじま》の料亭に招待し、ヘッドハンティングしようとしたことがあります。しかし、経営に対する二人の考え方は水と油で、もの別れしました。岩崎の経営観は、個人経営であり、私益を図ろうとする「覇道」の側面が強かったのです。これに対して、栄一が公益を重視したことは、すでに触れた通りです。事業を営むにも、王道を歩むことが大切だというのが栄一の経営観でした。

23

大我の人生

人がこの世に生まれてきた以上は、
自分のためのみならず、
必ず何か世のためになるべきことを、
為《な》すの義務があるものと余は信ずる。
すなわち、人は生まれるとともに
天の使命を享《う》けておる。

◎大いなる意志が人を遣わし、「世のためになせ」と天命を与えた

自分のためだけに生きる人生では、小我《しょうが》の人生で終わらせてしまいます。たった一度の人生ですから、生まれてきた以上は、生きる意味を自問してみることです。

そもそも、人が生まれることに意味はあるのでしょうか。——意味があるどころか、天命を享けていると、栄一は言います。

人は、自分の意志で生まれたのではありません。では、誰の意志でしょうか。直接的には、父母の間に生まれました。ですから、両親の意志だといえます。

しかし、もっと深いところで、大いなる意志が自分を誕生させたのだと栄一は断言します。**「造物主なるものがあって、何事をか為《な》さしむべき使命を与えて、己をこの世に現した」**（『青淵百話』）のだと。実際、栄一は世のために生きるという使命感をいだいて、晩年までみずからを働かせ続け、大我《だいが》の生涯を送りました。

栄一ほどでないにしても、誰でも他者のために活動しているはずです。どんな仕事も、誰かのために何かを提供しています。仕事に対する意識を社会貢献の方向にずらしてみると、使命が自覚されるのではないでしょうか。

24

天命にかなった生き方

人間の本分を尽して、
あくまでも自己の働きによって倒れるまで力《つと》め、
それ以上は天命に俟《ま》つべきである。

◎倒れるまでやって、やって、やり尽くし、あとは天命を俟つ

右の言葉には、①本分を尽くし人力が及ぶかぎり努力することと、②それ以上は天命に委ねること、という二つの意味が含まれています。いわゆる「人事を尽くして、天命を待つ」ということですが、栄一の言葉、「倒れるまで力め、それ以上は天命に俟つ」の「俟つ」には、天に任せるという意味がより強く込められています。

他方で、人の領域については、力が及ぶかぎり、やって、やって、やり尽くします。では、そこまで力を尽くせば、あとは天がバトンタッチして、よい方向に導いてくれるのでしょうか。――それは保証のかぎりではありません。なぜなら、天の領域のことは人には操作できず、天にお任せするしかないからです。栄一は、

「人は天命に逆らうことなく、死生富貴を度外に置き、自分の為すべき本分を務むべきである」（『処世《しょせい》の大道《たいどう》』）

と言います。天命に逆らった生き方とは、本分を尽くさない生き方です。自分がなすべき本分を倒れるほどに努めれば、何も思い煩うことはなくなります。理屈ではなく、「あとは天に委ねよう」という安心立命の境地に至るものです。

25

悟りの意味

胸中に確乎《かっこ》たる安心立命がなければ、事変に遭遇するかまたは厄難に出逢《であ》う時は、たちまちその態度を乱して、周章《しゅうしょう》狼狽するものである。

◎天に任せ切ったら、平気で生きることができる

わが国の近代文学に多大な影響を与えた俳人・正岡子規《まさおかしき》（一八六七～一九〇二）。彼は結核を病み、喀血《かっけつ》したみずからを、血を吐くまで鳴くといわれるホトトギスになぞらえて「子規」と号しました。そんなユーモアは、死の二日前まで書きつづった最晩年の随筆集『病牀六尺《びょうしょうろくしゃく》』にも漂っています。死の三か月半ほど前のある日、子規は、「悟りといふ事は如何《いか》なる場合にも平気で死ぬる事かと思って居たのは間違いで、悟りといふ事は如何なる場合にも平気で生きて居る事であった」（正岡子規『病牀六尺』）と記します。たとえば不治の病に倒れるといった平気で生きられないときに、平気で生きる＝心穏やかに生きるということです。

栄一の場合は、右の言葉の通り、胸中に安心立命がありました。その源泉は、天を信じたところにあります。彼は、倒れるまで人事を尽くして、その後はすべて天に任せました。**「もし死生の場合に臨んでも、余は常に天がしからしめるものと観念するから、別になんらの苦慮も不安も起こらない」**（『青淵百話』）と言い放っています。子規の場合はどうかかわかりませんが、栄一は大いなるものに任せ切ることで平気で生きたのです。

26

堅固なる信念を持つ

天の使命を亨《う》くとの
堅固なる信念を抱いているならば、
いかなる厄難に遭っても、
決して苦痛と思うことはない。

◎天が生かしてくれるはずの者なら、死地をも脱することができる

明治二十五（一八九二）年のこと。伯爵・伊達《だて》宗城《むねなり》の病状を見舞うため、栄一は二頭立て馬車で事務所を出ます。やがて交差点にさしかかると、物陰から二人の暴漢が剣を抜いて現れ、馬車に襲いかかりました。馭者《ぎょしゃ》は馬を走らせ、無事に避難します。このとき、栄一が脳裏に重ねたのが、儒教の祖である孔子（前五五二〜前四七九）のエピソードでした。

こんな話です。——陳国《ちんこく》の匡《きょう》という地で、孔子の一行が警備隊に取り囲まれるという事件が発生しました。そのとき孔子は、「匡人《きょうひと》、それ予《わ》れを如何《いかん》せん（匡の人たちは、私をどうすることもできないだろう）」（『論語』子罕篇《しかんへん》）と言い放ちます。孔子には脈々と受け継がれている周《しゅう》の文明（周王朝の文王《ぶんおう》から継承された文明）があり、天がこの文明を滅ぼそうとするなら自分はここで死ぬだろう。しかし、滅ぼそうとしないなら、こんなところで死ぬはずがない、という信念がありました。孔子は天を信じていたのです。

栄一は暴漢に襲われたとき、孔子のこの言葉に自分の信念を重ね合わせて、**「いかに殺そうと思っても生きるはずの者ならば、そう容易《たやす》く殺されるものではない」**（『處世の大道』）と泰然としていました。生きるはずの者とは、天の使命を享けている者です。

27

中庸を得る

人は偏《へん》せず、党《とう》せず、よく中庸を得るこそ、真の君子と称すべきである。

◎才能を持っていても、動乱期の英雄には中庸が欠けていた

右の大意はこうです。「何かに偏ったり、与《くみ》したりすることなく、よく中庸（過不及がないこと）を得てバランスが取れている人こそ、真の君子と呼ばれるべきだ」

幕末維新に青春時代を送った栄一は、その長い人生のなかで多くの歴史的人物と交わっていますが、中庸を得た人は極めて稀《まれ》であったと述懐しています。

「この人は手腕があるなと思うといわゆる中庸を失って過ぎており、この人物はしっかりしているなと思うと及ばぬ処《ところ》があって、中庸を得た人は極めて少ない」（『処世の大道』）

たとえば、幕末維新に活躍した英雄肌の人物は、ずば抜けた長所を持っている代わりに、均整を欠いていたと観察しています。中庸を得た人とは、智《ち》・情・意、すなわち「知恵」「情愛」「意志」の三つが発達しながらも、バランスが取れている人物です。

「智情意相《あい》より相《あい》俟《ま》ちて、ここに円満なる人格を得る」（『渋沢栄一訓言集』）

という常識に富んだ人物がこれからの世に必要な君子像だ、と栄一は考えました。君子とは王道を歩む人です。そんな人は過ちを起こすことが少なく、何かに偏向していないので、臨機応変に対処することができます。

28

多面思考を持つ

すべて物事は一事をもって満足すべきでない、
進むべき道は窮まりないゆえ、
世人は深くこれを考うべきである。

◎一面だけを見て突っ走れば、道を誤り人生は破綻する

青年時代の栄一には、一面的な行動に突っ走ったという苦い経験があります。それは、尊王攘夷の思いをいだいて倒幕計画を推し進めたことです。

子息の渋沢秀雄は、「父の行動半径は青年時代以外、いつも古風な儒教的中庸の道から逸脱していない」（渋沢秀雄『父　渋沢栄一』）と評しています。あえて「青年時代以外」と断っているのは、倒幕と攘夷に走った青年時代が中庸を欠いたものであった、と考えたからでしょう。――栄一は後年、開国主義に転じました（↓1項参照）。が、栄一の志の底流にはつねに「公益のために働く」という点で一貫性が認められます（↓52項参照）。

それはともかく、やがて明治六（一八七三）年に大蔵官僚を辞して下野し、商工業者の地位を向上させ、商工業を隆盛にしようと奔走してからは、栄一の行動はつねに中庸の道にかなっていました。中庸は、右の言葉に示されているように、「進むべき道は窮まりない」ことを肝に銘じて、多面的に考えることから得られます。

実際、栄一はいろんな角度から検討を加えました。多面的に考えることができないのは、一事に価値を置きすぎていて、まわりが見えなくなっているからでしょう。

29

他人のために働く

自分の利益幸福のためにのみ働かず、
他人の利益幸福のためにも働かねば、
人は決して栄えるものでない。

◎こちらに手繰り寄せようとすれば、お金はあちらに流れる

ロシアの皇太子が来日した明治五（一八七二）年に、東京市養育院が設立されました。この養育院が設立されたのは、東京市内の生活困窮者などを収容し、保護するためです。栄一が養育院の運営に関わり始めたのは、明治七（一八七四）年からでした。そして、初代の養育院長に就任すると、その存続・発展に終生努めました。もちろん、形だけの関与ではありません。月に一、二回は来院して、入院者と交流したのです。

そんな交流から栄一は、「入院者に共通しているのは、利己的という性質である」と推察しています。入院者たちは、もっぱら自分の利益を求めようとしたのです。ところが、皮肉にも養育院に収容されるという正反対の結果になったのは、湯船で、湯を自分のほうに手繰り寄せると、へりに当たって反対側に流れてしまうのに似ています。

そうではなく、相手のほうへ押し出してやると、湯は自分のほうに返ってきます。右の言葉で、**「他人の利益幸福のためにも働かねば、人は決して栄えるものでない」**（『処世の大道』）と言っているのは、このことです。世のために働き、社会に貢献すれば、必ず私益となって見返りがあります。

30

独立精神を持つ

自己本位を排しての独立自営的精神、
それが何人《なんびと》にも歓迎さるるところの行いである。

◎「自分さえよければいい」では、利己的な社会になる

栄一が初めて啓蒙《けいもう》思想家の福沢諭吉（一八三五〜一九〇一）と会ったのは、大蔵官僚時代でした。そして、日清《にっしん》戦争（一八九四年）のころから公務上の交流が始まります。

栄一は諭吉を評して、①見識が高かった、②先見の明があった、③国の発達には富の力が必要だという卓見があった、と述べています。しかし、個人的な関係は深くなかったようです。理由は、**「先生**（福沢諭吉）**と余**（栄一）**とは根本の素養が違い、また立場が違う」**（『渋沢栄一全集』第三巻）からだと言います。素養では、適塾《てきじゅく》で蘭学《らんがく》を学んだ諭吉に対して、儒教の栄一。立場では、学者の諭吉に対して、実業家の栄一。

しかし、もっと深いところで考え方が違っていました。**「福沢諭吉先生の唱えられた独立自尊というがごときは、あるいはあまり主観的に過ぎておりはせぬか」**（『青淵百話』）と栄一は批判しています。つまり、諭吉の独立精神では自己本位（自己中）になりがちで、「自分さえよければいい」という利己的な風潮を生むと栄一は考えたのです。

もちろん、栄一も独立精神を持つことは大切だと主張しています。が、その独立精神は自己本位であってはならず、「社会」と協調するものでなければならないとしました。

第4章

経営と道徳

31

善意の競争

商工業の競争は善意であらねばならない。

◎競争社会の根底に「善意」があれば、社会は繁栄する

右の言葉には、①商工業に競争が必要なこと、②その競争は善意でなければならないこと、の二点が含まれています。

①競争の必要性――もし競争がなければ社会は停滞し、繁栄できません。たとえば価格競争があることによって、より安価に商品を提供できるのです。スポーツの世界でも、競争がなければ記録に挑戦しようというモチベーションは喚起されません。

②善意の競争――栄一の定義は、**「他を害することなくして己れを利する」**（『渋沢栄一訓言集』）というものです。たとえばよきライバルと切磋琢磨《せっさたくま》し、お互いが成長するなどは、この類いでしょう。

これに対して、悪意の競争とは、**「暴戻《ぼうれい》**（乱暴で道理に反すること）**の戦争と同じく他を傷害しても、ただ自己の利益のみを目的とする」**（同書）ということです。ここには、「道理に反する」「他者を害する」「私益を目的とする」という三つが含まれています。これは覇道の特徴です。これらを逆にすると、善意の競争になります。つまり、「道理にかなう」「他者を害しない」「公益を目的とする」ことで、王道を歩むことです。

32

ビジネスに必要な能力

商工業者は弘毅《こうき》にして
才学がなければならない。
しからざれば国家の富強を
期することはできない。

◎まだ実現していない「道徳経済合一」を遺訓とした

渋沢青淵記念財団竜門社《りゅうもんしゃ》理事を務めた土屋喬雄《つちやたかお》（一八九六〜一九八八）は、経済界をリードした栄一の指導理念を三つに集約しています。――①道徳経済合一（道理にかなった企業経営）、②合本主義（株式会社制度）、③官尊民卑の打破（民主主義）です。

②の合本主義については、明治後期に大企業の多くが株式会社となって実現しました。③の民主主義も次第に実っていき、大正時代には政党政治が確立します。ところが、①の道徳経済合一については実現していない、と土屋は評し、

「渋沢翁は、日本社会において物質的進歩に道徳的進歩が伴わず、やがて大きな亀裂が生ずるのではないかと憂えつつ逝去した」（『経済と道徳』、土屋喬雄の「序」より）

と、晩年の栄一が案じていたことを報告しています。

栄一の死から九十年近くを経た現在では、企業倫理が問われる社会になりました。ようやく一歩を踏み出したといえます。右の言葉で栄一は、商工業者に「弘毅（度量が広く意志が強いこと）」「才学（才気と学識）」が必要だと述べていますが、これらに加えて「道徳（企業倫理）」が求められるでしょう。

33

栄一の経営理念　①道徳経済合一

道徳と経済と相《あい》一致して、
はじめて真の富を得られる。

◎日本資本主義の起点において、栄一は企業倫理を説いた

栄一の指導理念のひとつは、「道徳経済合一」です。道徳を「論語」に、経済を「算盤」に置き換えると、道徳経済合一は「論語と算盤」という視覚的なイメージとなり、わかりやすいキャッチフレーズになります。栄一はさらに平たく、「論語で算盤をはじく」（渋沢秀雄『明治を耕した話』）と語り、わが国の経済界を指導していきました。ところが現実は、「私欲で算盤をはじく」という経営者がまだまだ多いのではないでしょうか。

少なくとも栄一自身においては論語と算盤は一致し、『論語』を規準にして事業経営や指導にあたりました。これは誇るべき功績です。日本の資本主義の起点において、最高の指導者である栄一がなしえたことは、ともすれば企業倫理を踏み外しかねない経済界において、理想を追い求めることができるという希望を与えてくれます。

現代では、欧米から導入された「企業の法令遵守（コンプライアンス）」や「企業の社会的責任（CSR）」といった手法が経営姿勢を変えようとしています。しかし、わが国では、すでに栄一が先取りしていました。しかも彼が説く「道徳（企業倫理）」は、単なる経営手法ではなく、ゆるぎない哲学でした。この誇るべき起点に学ぶことが求められます。

34

栄一の経営理念　②合本主義

事業を経営するには、
資本の合同が必要であると思って
鋭意これを鼓吹し
ここにはじめて
会社制度というものが生まれ出て
漸次に発達した。

◎欧州体験で着眼した「合本主義」を、わが国に広める

パリ万国博覧会に出席したころ。――一年半の欧州体験のなかで、若い栄一は、パンにバターを塗るその味が美味だと目を細め、コーヒーは胸中を爽やかにすると日記に記しています。異国の風習に驚き楽しむようすが偲《しの》ばれます。しかし、栄一は、こうした目に見える現象面だけでなく、欧州社会の水面下にある仕組みに着眼しました。

そんな仕組みのひとつが、大衆の金を集めて大規模な営利活動をする「合本主義（株式会社制度）」です。帰国すると、さっそく栄一は民間に殖産事業を起こすため、欧州で学んだ合本主義によって静岡に「商法会所」を設立。商法会所はわが国初の株式会社といわれます。まもなく栄一は新政府からの要請で官職に就くものの、明治六（一八七三）年に下野すると第一国立銀行を開業し、再び合本主義を指導していきました。

大衆の金を集めて事業を行うには、会社を私物化しない人物が必要です。栄一は、「会社の用はわがものと思え。会社の金は人のものと思え」（渋沢秀雄『明治を耕した話』）と経営者の心構えを説きました。当時は個人経営などの考え方が根強くあり、合本主義の啓発に苦心します。そのかいがあって、明治後期には株式会社制度が普及しました。

35

栄一の経営理念　③官尊民卑の打破

武士道は決して、武士の専有ではない。
およそ文明国における
商工業者の拠《よ》って立つべき道も
またここに存するのである。

◎「士魂商才」の精神は、『論語』によって養われる

商工業者にこそ武士道が必要だ、と栄一は主張しました。――青年期に芽生えた「官尊民卑の打破」（→2項参照）への思い。これを実現するには、維新後の身分制の撤廃だけでは不十分でした。何より、卑しい身分とされた商工業者の品位の向上が欠かせなかったのです。それほど当時の商工業者にはモラルが欠けていたのでしょう。**「せめて武士道だけでも、わが実業家に守らせて、その人格を高めたいものである」**（『渋沢栄一訓言集』）と、栄一は嘆息をつきます。こうして、「士魂商才」を唱えるに至ります。

かつて平安《へいあん》時代に、菅原道真《すがわらのみちざね》（八四五～九〇三）は「和魂漢才」を唱えて、中国の学問を取り入れ、日本固有の精神に即して消化しようとしました。これをもじって、明治時代には「和魂洋才」のもとに、西洋の文化を取り入れます。

同様の発想で栄一は「士魂商才」を提唱し、武士道（士魂）を支柱に据えることが商工業者の地位と品位の向上に寄与すると考えました。ここでも栄一は、『論語』をバイブルにしました。**「論語は最も士魂養成の根底となるものと思う。それならば商才はどうかというに、商才も論語において充分養える」**（『論語と算盤』）と太鼓判を押しています。

36

富豪の義務

富豪が出るようでなければ国は富まない、
国が富めば必ず富豪ができる。

◎「自分さえ富めばいい」では、富豪は務まらない

豊かな社会を実現するには、優れた事業家の活動が欠かせません。彼らの働きによって国が富めば富むほど、比例して富豪が誕生します。

◎富豪の誕生──国富のバロメーター

富豪の誕生は、国が富んでいることの証《あか》しですから、富豪はどんどん輩出することが望ましいのです。右の言葉の「富豪が出るようでなければ国は富まない」とは、産業立国への必要条件であり、私益の肯定です。栄一は、道理にかなった利益なら大いに求めてよいと一貫して主張しました。

◎富豪の義務──貧富の格差の解消

しかし、富豪が輩出すればするほど、その陰では貧困にあえぐ人々との格差が広がっていきます。この問題について、栄一は「自分さえ富めばいい」と考えるのは大きな誤りで、格差を解消することが富豪の義務だと言います。というのは、この社会なくして富むことができず、社会に恩返ししなくてはならないからです。富む権利の裏には、社会貢献の義務があります。これは「客観的人生観」（↓20項参照）に目覚めることです。

37

規矩準縄の必要性

会社の当事者にその人を得、
事業を失敗させずに成功しようとすれば、
その人をして拠らしむるに足る
ある規矩準縄《きくじゅんじょう》がなければならぬ。

◎信頼できる規準がなければ、組織はブレて崩れていく

事業を担うリーダーには、どんな人物がふさわしいのでしょうか。組織には多くの利害関係者が集い、さまざまな問題が発生します。そこで求められるのは、経営の拠りどころになる判断規準＝規矩準縄を持ったリーダーです。

規矩準縄とは大工道具のことで、規＝コンパス、矩《く》＝矩尺《かねじゃく》（直角に曲がった金属製のものさし）、準＝水盛り（水平かどうかを測定する器具）、縄＝墨糸（墨壺《すみつぼ》についた黒い線を引くための糸）のことです。転じて、行動や考え方の拠りどころ＝判断規準という意味になります。

栄一の場合は、みずからの規準を『論語』に求めました。『論語』には、日常に処する道が説かれ、判断に苦しんだときの拠りどころにすることができます。たとえば、「利によりて行えば、怨《うら》み多し」（『論語』里仁篇《りじんへん》）という言葉があります。この言葉を企業経営の文脈で読むと、「利益を最優先にした経営を行えば、恨まれたり、敵視されたりすることが多くなる」と解釈でき、経営姿勢を正してくれます。

確固とした規準を持っていないリーダーは、判断がブレます。わずかなブレでも組織によって増幅されると、企業は崩れかねません。

38

ビジネスにおける仁義

仁義を根本にして商工業を営めば、
あえて争うがごとき事をせずとも、
利はみずから懐にはいってくるものである。

◎企業活動の根本に「仁義」を据えれば、王道の経営が実現する

企業活動の根底に「仁義」を据えた経営を行えば、自然と利益は上がっていくと右の言葉は教えます。――仁とは、他人を思いやり慈しむ心。義とは、人として守り行うべき正しい道。「仁」も「義」も儒教道徳の基本的な概念であり、仁義を根本に据えた経営とは、ステークホルダー（従業員、株主、顧客、取引先、地域社会、環境など利害関係を持つ人たちや事象）を思いやり、王道を歩んでいく経営です。

仁義というと、ばくち打ちや香具師《やし》の世界を思い浮かべるかもしれません。この世界の仁義とは、仲間内の道徳やおきてのことで、筋を通すことでしょう。初対面の挨拶を「仁義を切る」といいますが、これも独特の形式に基づいて筋を通すことです。

経営の世界でも筋を通して、人として行うべき正しい道を通れば、結果として利益は上がってきます。ここでのポイントは、利益は「目的」ではなく「結果」だということです。もし企業活動の目的を「利益の追求」に置くと利益至上主義となり、行きすぎると不祥事を起こすことになりかねません。そうではなく、ステークホルダーを思いやるという仁義を据えた経営こそ、栄一が説く「道徳経済合一」の本質です。

39

経営の決め手

資本は万能ではない、
もっと大切なのは人である。
資本の価値も、
これを活用する人によって定まるのである。

◎マネジメントの神様・ドラッカーが称賛した栄一の「人材論」

資金がないと事業を立ち上げることができません。栄一は「合本主義（株式会社制度）」を提案し、この制度によって大きな資金をつくることができると指導しました。こうして事業家が輩出すれば、国は豊かになると語ります。そんな主張をした栄一が、

「資本は万能ではない、もっと大切なのは人である」（『経済と道徳』）

と、人材を重視しているのです。

マネジメントの神様と呼ばれたピーター・ドラッカーは、三菱財閥の創業者・岩崎弥太郎と栄一の二人が明治の黎明期における日本の製造業の過半をつくった、と絶賛したうえで、

「岩崎は資本を説いた。渋沢は人材を説いた」（ドラッカー『断絶の時代』）

と指摘しています。資本に価値を与えるのは、人です。資本をどう活用するかを判断する人材にこそ価値があります。

その際に必要な人材とは、①お金を扱ううえで品性があることと、②お金の使い方についての見識があることです。

40

一身を修める

一身一家を治むる事ができずして、国家社会のために尽《つく》さんとするのは、本末を転倒していると謂《い》わなければならぬ。

◎世の中のことを心配する前に、まず自分を一人前にする

ある日、栄一のもとに、社会活動に飛び回っている人が面談を求めてきました。その人には定収入がなく、社会の世話になっていました。滔々《とうとう》と社会政策をまくしたてるのを聞いていた栄一は、

「まず一身を修め、一家を治めてからにしなさい」

と忠告しました。このアドバイスのもとになっているのは、儒教の基本書である『大学』です。「その国を治めようと欲する者は、先ずその家を斉《ととの》う。その家を斉えようと欲する者は、先ずその身を修む」（『大学』）とあります。国をなんとかしようとする前に、「国↓家↓自分の身」が前提であり、みずからの修養が土台だということです。

また、『大学』は逆に進めて、「身修まって后《のち》、家斉う。家斉いて后、国治まる」（同書）ともいいます。これは、徳を磨くことが根本で、その人徳によって人々を治めていくということです。――もっとも栄一は、この社会活動家にそこまで要求していません。他人や社会のことを心配する前にやるべきことは、定収入を得て自活することであり、これを怠って社会のことを論じても本末転倒だと忠告したのです。

第5章

お金の本質

41

お金の源泉

金銀財宝のごときは
いわば丹精した人の身に残る
糟粕《そうはく》のような物である。

◎「お金は働きの糟だ」と言い切ったおじいさんから学ぶ

少年時代のことです。栄一の生家の近くに働き者のおじいさんが住んでいました。明け方から夜中まで真っ黒になって働くので、ひと財産ができます。それでも贅沢《ぜいたく》をせずに働き続けるのを見て、「どこまで欲が深いのか」と近所の人たちは陰口をたたいていました。

ある人が、「財産もできたことだし、老後を楽しんだらどうですか」と尋ねると、

「働くことが何より楽しみだ。働くと、働きの糟ができますが、この糟が金銀財貨です。ワシは、糟を求めるために働いておりませんし、糟など意にもかけていません」

と答えます。――この話に深く感心した栄一の父は、「聞き流せばそれまでだが、ここには一道《いちどう》の真理があると思う」と、しばしば栄一に語って聞かせました。後年、栄一はこの事例を何度か口述しますが、よほど心に刻みつけられたのでしょう。

糟とは、何かをしたあとにできる副産物です。副産物は金銀財貨のほかにも、成功や名声も含まれるでしょう。このおじいさんにとって、楽しみは働くことであり、働くことが目的でした。お金も成功も、務めを果たした結果として得られたものだと受けとめると、何が大切かが見えてきます。

42

道徳経済合一の論拠

富を汚らわしいもの穢《きたな》いものであると
視《み》るような事をせず、
正しき道によってこれを獲得するように
心がくべきものである。

◎富に罪なく、「正しい道」で得たかどうかが問題である

富そのものは、汚らわしくも、穢くもありません。いわば鏡のようなもので、不正な方法で獲得すれば、その不正が映って「汚れたお金」に見えるだけです。栄一がよく引用する『論語』の言葉に、

「富と貴きとは、これ人の欲する所なり。その道を以《もっ》てせざれば、これを得るとも処《お》らざるなり」（『論語』里仁篇）

というのがあります。現代語訳はこうです。「富や高い地位というのは、人が求めたがるものである。しかし、その道によって得なかったならば、たとえ富や地位を得たとしても、私はそこに身を置くことはできない」

では、文中の「その道」とは、何でしょうか。江戸時代の儒者・伊藤仁斎《いとうじんさい》によると、その道とは「仁」です。つまり、「仁という正しい道によって富や地位を得なかったなら、私はそこに安住できない」ということです。裏を返せば、仁によって得たら、安心して富や地位を受け取ることができます。――ここから栄一は、孔子は富や地位を得ることを否定していないと解釈し、「道徳経済合一」の論拠を得ます。

43

富は不道徳ではない

後世の学者は、
誤って富と道徳とは
合致せざるもののごとくに解釈し、
仁を行えば富むあたわず、
富まんと欲すれば仁なるあたわず
というように、説いてしまった。

◎「孔子は富を否定していない」から出発する栄一の活学

右の言葉の「後世の学者」とは、孔子から後の世の学者という意味で、朱子《しゅし》（一一三〇〜一二〇〇）によって大成された宋学《そうがく》（朱子学）の学者たちを指します。

彼らは、道教や仏教に圧《お》されていた儒教を復興しました。そして、宋学と呼ばれる新しい儒教哲学を立ち上げて後世に絶大な影響を与えます。しかし、栄一によれば、宋学は利欲（利益を得ようとする欲望）を否定したために空理な学になってしまいました。

栄一の主張は、富と道徳は合致するというものです。この観点から、宋学の学者は富と道徳とは合致しないかのように誤って解釈したと批判し、その結果**「国の元気を沮喪《そそう》し、生産力を衰耗し、その極《きょく》、ついに亡国の運命を招く」**（『渋沢栄一訓言集』）という結末を迎えさせたと糾弾しました。江戸時代の儒者・荻生徂徠《おぎゅうそらい》は『論語徴《ろんごちょう》』のなかで、「朱子はただ字義を解釈しただけで、もし字義を解釈するだけなら、人の師となることはできない」とも言い放っています。宋学は、理論に偏っていたのでしょう。

これに対して栄一は、個の生活から経国《けいこく》（国を治めること）におけるまで『論語』に規準を求め、儒教を生きた学問にしようとしました（→80項参照）。

44

欲望を否定しない

宋末《そうまつ》の学者が、
利欲の念を去ることを主張したのはよろしいが、
いたずらに仁義道徳の空理に走ったから、
その極、人も衰えて
ついに元《げん》のために亡《ほろ》ぼされた。

◎欲望を認めない理論は絵空事であり、カラ回りするだけだ

栄一の儒教観を知るために、彼がどの点で宋学を批判したかを見ておきましょう。批判の矛先は、前項でも見たように「利欲の念を去る」という点に向けられています。

◎真理観による批判――「偏ったところに真理はなく、中庸を得たところに真理が宿る」（↓83項参照）というのが、栄一の真理観です。国が繁栄するには、理論と実際が調和し、中庸を得なければならないと栄一は考えました。ところが、宋学は「仁義道徳の空理に走った」ことで、理論に偏りました。為政者である高級官僚たちは、宋学を学んだ儒者でもあり、彼らによる政治は中庸を欠いて国家を衰退させた、と栄一は批判します。

◎儒教観による批判――儒教の祖である孔子は、富や地位を得ることを否定していません（↓42項参照）。この認識のうえに、栄一は「道徳経済合一」を唱え、道理にかなったやり方で経済を追求する日本の資本主義を構築しようとしました。このような栄一の儒教観は、事業家ならではのプラグマティックなものでしょう。栄一から見ると、宋学は利欲を否定するという誤りを犯し、儒教を現実とかけ離れた空理な学問にしました。そのあげくに国家は元気をなくし、亡国の運命を招くことになったと批判したのです。

45

お金に対する覚悟

いやしくも世の中に立って
完全に人たらんとするには
まず金に対する覚悟がなくてはならぬ。

◎価値を生む金遣いの極意は「重んじすぎず、軽んじすぎず」

お金には人の心を惑わせる力があります。中国では太古の昔から、どうお金を扱うかを観察することで、その人物を鑑定してきました。

たとえば、兵法書の『六韜《りくとう》』（戦国時代末期）は、財貨を管理させてみて、私欲にまみれていないかを見ることを教えています。また、『将苑《しょうえん》』（諸葛孔明《しょかつこうめい》の著とされる偽書）は、お金で誘ってみて、どれくらい清廉かを見抜く方法を記しています。

お金に清廉な人は、自分の欲望に振り回されることがなく、お金を悪用しません。以上の基本に加えて、お金に対する見識を持つことです。栄一の考え方を紹介しましょう。

◎お金を重んじすぎない――重んじすぎないとは、お金より大切なものがあることを知ることです。また、お金を儲けることが目的ではなく、手段であることを知ることです。

◎お金を軽んじすぎない――軽んじすぎないとは、お金には力があり、その威力を正しく知ることです。そして、お金を善用し、役立てようとすることです。

このように中庸を得た人物にして、初めてお金を正当に評価し、価値を生むお金の使い方ができると考えました。

46

お金を働かせる

道理正しい遣い途《みち》を知っている人にして、初めてその財産にも価値がある。

◎「価値ある事業」に投資すべきで、お金を寝かせてはならない

蓄財して財産を眠らせてしまうと、そのお金は価値を生みません。また、お金の遣い途について、**「もし自分の道楽とか、その他の無用な事に使用する場合には、少しの価値もない」**（『経済と道徳』）と栄一は言い切っています。

価値を生むには、お金を働かせることです。――国や社会に貢献する事業に、どれだけお金を投資するか、どれだけ筋道が通ったことにお金を動かすか。栄一は、**「国家的事業とか、社会的事業とか、その他の道理正しい事のために財産を活用する時は、その資産は非常に価値ある働きをする」**（同書）

と言います。要するに、お金に価値を与えることができる人とは、右の言葉にある「道理正しい遣い途を知っている人」です。

国や社会になくてはならない事業に基幹産業があります。電力や石油などのエネルギー産業などは基幹産業ですが、事業家は時代の変化を読み取って、蓄電池などの新たなエネルギーを模索しようとします。こうして次の革新のために投資してお金を働かせれば、投入したお金は新たな価値を生んでいくのです。

47

合本主義の本質

真に理財に長《ちょう》ずる人は
よく集めてよく散ずるようでなくてはならぬ。

◎事業家は「よく集め、よく散じる」ポンプとなれ

右の言葉の「理財」とは、「財を理《おさ》（治）める」ことで、財貨を有効に運用するという意味です。お金を生かすも殺すも事業家次第。事業家の役割は**「よく集めてよく散じ、もって社会を活発にする」**（『経済と道徳』）ことだと栄一は説きました。

◎お金をよく集める――事業の意義や目的を明らかにし、その事業プランのもとに資金を調達することが「集める」ということです。

ところで、栄一が唱えた合本主義では、投資家に対して「事業目的への共感」を求めました。つまり、事業に賛同する人々から資金を集めたのです。現代の株式会社制度では、株式が売買され、相場や配当が目的になっていますが、ここが合本主義と大きく異なります。また、欧米由来の株主第一主義と違って、合本主義では「公益」に主眼を置き、ステークホルダー（↓38項参照）に配慮した経営を行おうとしました。会社は社会の公器であるという精神が、栄一の合本主義の原点にあったのです。

◎お金をよく散じる――社会的な価値を生み出す有望な事業に投資することが「散じる」ことです。事業家はポンプのようにお金を回し、そうすることで社会は発展します。

48

二つの倹約

倹約という事は
大いに物事を節約するという消極的のみでは
宜《よろ》しくない。
その半面においては
大いに積極的でなければならぬ。

◎コストを渋るも倹約、コストを投入するも倹約である

無駄を省き、出費を抑え、浪費しないことを倹約といいます。倹約は、コストパフォーマンス（コストに対する成果の比率）の「コスト」を削減しようということです。しかし、栄一はコスト削減を「消極的な倹約」だと考えました。贅沢が昂《こう》じて節度を失っている維新後の風潮を、栄一は苦い思いで見ていただけに、こうした倹約には強い思いがあったでしょう。しかし、倹約が過ぎると社会は発展しません。他方で、栄一は、

「必要な事には大いに積極的でありたいと思う。しかしてこれが真の倹約と称すべきものである」（『処世の大道』）

と説いています。社会を潤す価値の高い事業については、消極的な倹約発想を適用してはならないということです。逆に、このような事業に対しては、前項で見たように「お金をよく散じる」という積極策こそが適切で、これを栄一は「真の倹約」と呼びました。

真の倹約はコストパフォーマンスの「パフォーマンス（成果）」を伸ばそうとすることで、投入コストを生かして大きな業績を上げることです。栄一は、投資すべきときにお金を惜しんでは「成るものも成らない」と考えたのです。

49

渋沢家の家訓

富貴に驕るべからず。
貧賤《ひんせん》を患うべからず。
ただただ知識を磨き、徳行を修めて、
真誠の幸福を期すべし。

◎子孫に申し伝える、「知識を磨き、徳行を修めて、真の幸福を得よ」

渋沢家には、三十か条の家訓があります。その一条が、右の言葉です。大意を記しておきましょう。

「財産や地位を得たとしても、そんなことに思い上がってはならない。また、貧困や卑賤《ひせん》に陥ってはならない。ひたすら知識を身につけ、考える力を磨くことだ。そして、道理にかなった行いを修めて、まことの幸福を確かなものとしなければならない」

家訓が定められたのは、明治二十四（一八九一）年、栄一が五十一歳のときでした。渋沢家の代々に伝えられていくものですから、家訓には栄一の思いが込められています。

◎本当の幸福は、財産や社会的地位によって獲得できるものではなく、ひたすら学び、道理にかなった生き方をすることによって得られること。

◎とはいえ、それなりの財産と地位が必要なこと。

◎たとえ財産をつくり、社会的地位を得ても、驕り高ぶらないこと。

家訓には、自分を磨き修めることが幸せになる道だと説かれています。だからといって、貧困や低い地位に甘んじてもならないと釘を刺してもいます。

50

教育こそが遺産

子孫には相当の学問を授け、
その智能《ちのう》を啓発しておきさえすれば、
充分自ら養うて出るだけの力があるはずである。
必ずしも遺産を
その子孫に与うることを悪いとは言わぬが、
己の使命を閑却してまでも、
遺産を作るべき必要はなかろうと思う。

◎子孫にはお金を与えるな、自助努力の力を与えよ

渋沢家の家訓は、子弟教育（年少者教育）に力点が置かれています。家訓に次の一条があります。

「子弟の教育は、同族の家道盛衰の関する所なり。ゆえに同族の父母は最もこれを慎みて、教育の事を怠るべからず」（『渋沢栄一全集』第五巻）

この一条は、「家が栄えるには、子弟の教育が決め手になる。このことを、親たる者はしっかり踏まえておきなさい」という教えです。――実際、栄一は、子孫には財産を遺すより、教育を授けて自助の力をつけることが大切だと考えました。つまり、遺すのは、財産ではなく、自助努力の能力なのです。

そのために必要なものは、①学問、②精神、③健康であり、これら三つがそろっていれば、人はみずからを養っていくことができます。子孫の側からいえば、親の財産を当てにしたり、社会の援助に頼ったりするのは欲張りすぎだということです。

むしろ子孫に財産を遺すことが、害悪になる例が多いのではないでしょうか。他人をかえりみず、私益を求める親の姿を見せることも好ましくありません。

第6章

志の持ち方

51

成功をかなえる理想

およそ目的には、理想が伴わねばならない。
その理想を実現するのが、人の務めである。

◎目標がふらつくのは、理想が伴っていないからだ

成功とは、目的や目標を達成することです。このとき、理想が伴っていなければ、自分勝手な成功を目指してしまい、人としての道を踏み外すことにもなりかねません。では、栄一が言う「理想」とは何でしょうか。

「人間はまず何よりも人たる務めを先にし、道理を行って世を益し、その間に己れをも立てて行くという事を理想としなければならぬ」（『経済と道徳』）

これが栄一の答えです。大意を示しておきましょう。

「人間は何より、人としての務めである『道理を行って世を益する』ことを理想としなければならない。これが先決問題である。このことを重視しながら、自分を立てていく＝私益を得ていくことだ」

つまり、栄一が理想としたのは、「道理を行って世を益する」ことでした。これは栄一の成功哲学である、①正義人道に基づいて、②国や社会を益するとともに、③自分もまた富む（↓12項参照）ということと同じ内容です。栄一はつねに、理想を胸にいだいた成功者が輩出することを願っていたのです。

52

志の貫き方

堅く決心して成し遂げようとした志は、
決して他から奪われるものでなく、
必ず成し遂げ得られるものである。

◎志の形は変遷しようとも、底を流れる思いは一貫している

栄一の志は、次のように三度の変遷をしました。

◎少年時代の志——農業の新しい知識や技術を開発し、一村一郷の公益を図る。
◎青年時代の志——尊王攘夷によって新しい国づくりに寄与する。
◎下野後の志——大蔵官僚であった栄一は下野すると、商工業者の地位を向上し、商工業を隆盛にしようとする。

明治六（一八七三）年に下野して以降は、栄一の志はびくともしませんでした。あるとき、明治の元老《げんろう》から内閣に入ってほしいという要請がありましたが、栄一が応じることはありませんでした。そして終生、民間の立場から経済界を指導し、志を貫徹しました。

問題は、青年時代にいだいた「尊王攘夷」の志をどう位置づければいいかということです。尊王攘夷とは、幕府を退けて皇室を中心に国力を高め、開国をせまる黒船を追い払おうとする江戸末期の政治思想です。このような青年時代の志を、未熟であったと解釈することもできます（↓28項参照）。しかし、三つの志の変遷を見ると、その底流に流れる「公益のために働く」という思いは一貫していたのではないでしょうか。

53

大志をいだく

世に立つには志を一つにしなければならぬのに、
現代青年の多くは目前の小利に囚《とら》われて、
これを二つにも三つにもして平然としている。

◎目の前の人参《にんじん》を追いかけているかぎり、大志を果たせない

右の大意はこうです。「世の中で大成するには、志を一つにして、これを貫徹しなければならない。なのに、現代の青年は目の前にぶらさがった小さな利益にとらわれて、あちらの目標に食いついたり、こちらの目標に食いついたりして平気でいる」

さらに栄一は、**「現代の青年は大局に眼《め》を注ぐ事を忘れ、極めて小さい範囲の目前の事象に拘泥し過ぎる傾向がある」**（『経済と道徳』）と嘆いています。

この言葉の「現代の青年」とは、大正時代の若者たちですが、今も通じる悩みではないでしょうか。青年の特権は、大きな夢を描けることです。視野を広げれば、志はおのずから大きくなります。大局に眼を注ぐことで、その発想は長期的で、全体的なものになり、これまでは見過ごしていたような有益な情報が入ってきます。

逆に、視野をどんどん縮めていくと、小利や私利にとらわれ始めます。短期的で、部分最適化を図り、情報は制約されるばかり。こんな状況では、小さな目標しか描くことはできません。栄一は、青年の視野が小さくなっていく傾向に警鐘を鳴らしています。もっと大きく眼を開き、生涯をかけるに足るような志を描くことです。

54

志の定め方

まず自己の頭脳を冷静にし、
自分の長所と短所を精細に比較考察し、（中略）
前途確かな見込みの立ったところで
その方針を定めるがよい。

◎生涯をかけて固めた志は、人格そのものである

自分が進むべき道をどう定めればいいでしょうか。この手順を記したのが、右の言葉です。まず自分の長所と短所を客観視しながら、長所を伸ばしていくことです。そのうえで、次の条件をクリアできれば、将来の見込みが立つことになります。

◎自分の長所は社会に通用するか。
◎その道を進んでいくことを境遇が許してくれるか。

たとえば野球が好きで、これが長所だとすると、自分のこの才能でどこまで社会に通用するかを修養期間のうちに見定めます。その結果、野球選手を志すか、高校野球のコーチを志すか、野球チームのスタッフを志すか、などの方向を決めればいいでしょう。

スポーツの世界では若いうちに方針を固めることが必要ですが、一般的にはもっと時間をかけていいかもしれません。孔子は十五歳にして学に志しました。が、その思いは固く定まったものではなく、「さあ、これから大いに学問するぞ」くらいの気持ちでした。学問の志が固まったのは、「四十にして惑わず」という中年に至ってからだと栄一は考えました。ただ、学問をやるという孔子の方向性は十五歳から一貫しています。

55

争いを辞せぬ覚悟

独立独歩とか、
艱難《かんなん》の間に道を切り開いて
立身出世をするとかいう事も、
素《もと》をただせば
争いを辞せぬ覚悟のあるところより
来るものである。

◎「争いを拒まず、自分に妥協せず」の姿勢で志を貫く

世の中には、教条主義的に「争うことはいけないことだ」と決めつける人がいます。しかし、栄一は、争うことも辞さないという覚悟がなくて、どうして自分が信じる道を貫くことができるのかと反論します。

右の大意はこうです。「みずから信じるところを貫く独立独歩や、困難をものともせずに社会的地位を得ようとする立身出世は、争いを拒まないという覚悟から生まれるものだ」

争えと言っているのではありません。問題は、争うことではなく、信じる道を貫く覚悟があるかどうかです。たとえ、相手が上司や目上の人であっても、この気概を貫くのでなければ、長いものに巻かれるだけでしょう。

では、栄一はよくケンカをしたかというと、一度も拳を振りあげたことはありません。もっぱら議論のうえで争ったとしても、あとでフォローするという配慮をしています。

それより、どうしても争わなくてはならない相手が、自分です。「このあたりで妥協しよう」と弱気になったところで、志は折れます。自分の弱い心こそ、信念を貫くにあたっての最大の障壁なのです。

56

お金にふらふらしない

人は如何に貧窮したからとて、
心の持ちよう一つで
如何にでもなるものである。

◎思い方ひとつで、どんな誘惑も退けられる

孔子の愛弟子《まなでし》に、顔回《がんかい》（前五二一?～前四八一）という人物がいます。弟子のうちでも第一の秀才で、孔子の後継者として期待されていました。しかし、その暮らしぶりはとても貧しいもので、狭い路地でご飯と飲みものだけで日々を送るという生活でした。ある日、孔子が顔回を褒めたことがあります。

「立派だねえ、顔回は。竹の器によそった一杯の飯と、ひょうたんの椀《わん》に入れた一杯の飲みもので、狭い路地に住んでいる。普通の人ならその窮乏に耐えられないだろうが、顔回はそうしたなかでも自分の楽しみを改めない。立派だねえ、顔回は」（『論語』雍也篇《ようやへん》）

では、孔子は顔回の何を褒めたのでしょうか。――栄一は、こう解釈します。**「顔回が富の誘惑に打ち勝って簡易生活に満足し、毫《ごう》も志を曲げることなく、富貴の上に超然として道を楽しむ」**（『處世の大道』）という点を、孔子は褒めたと。

どんなに貧しくても、顔回は志をいだいて超然としていました。右の言葉の「心の持ちよう一つで如何にでもなる」とは、志を曲げなければどうにでもなるから安心しろ、ということでしょう。大切なのは、志です。ここを曲げると、誘惑に身を滅ぼします。

57

失意のときの過ごし方

逆境に立つか失意におるばあいは、
一心に向上を図り
常に反省力が強いから安全であるが、
得意の絶頂におる時が極めて危険である。

◎得意の絶頂期にあって、兜《かぶと》の緒を締める人になれ

右の大意はこうです。「逆境に遭ったり、失意でがっかりしているときは、人は気合いを入れてよいほうに向かおうとし、また謙虚に振り返ろうとするから危険はない。しかし、得意の絶頂にいるときは、驕り高ぶって心に油断が生じ、極めて危ない」

失意の時期をどう過ごすかで人間の値打ちは決まります。精神的な打撃に負けて、投げやりになってはそこまでです。そうではなく、人には立ち上がろうとする力があります。この力を引き出すことです。時機が到来したら再度の挑戦をするという気概を持って、それまでは勉強に励むなどして準備をしておくことです。

むしろ、問題が発生するのは得意のときでしょう。栄一は、**「得意の地位に達すると、知らず、識《し》らず、驕慢《きょうまん》・放縦の妄念が生ずる」**（『渋沢栄一訓言集』）と警告します。昔から栄華のうちに滅ぶことが多いのは、得意の絶頂期に驕り、心に隙ができるからです。

儒教の祖である孔子は、彼が生きた古代社会で、理想の政治を実現できなかったけれども、**「人生の失意と得意とを超越していられた」**（『経済と道徳』）と栄一は評しています。そうできたのは、順境も逆境も天に任せて、平常の心を失わなかったからです。

58

よい境遇のつくり方

順境といい逆境というとも、すべて人々の心掛けによって造りなされるものである。

◎どんなに転んでも、自分の手で順境を呼び込もう

順境とは、文字通り、物事が都合よく順調に運んでいる状況です。これに対して、逆境とは、うまく運ばずに苦労が多く不遇なことです。では、こうした境遇は降って湧いたように、自分の身に発生するのでしょうか。栄一は次のように言います。

「順境とか逆境とかいうものが、この世の中に存在しておるのではなく、むしろ人の賢不《けんふ》肖《しょう》才不能《さいふのう》によって、ことさらに順逆の二境が造り出される」（『青淵百話』）

大意はこうです。「順境や逆境というものが客観的に存在して、自分の身に降りかかってくるのではない。これらは人為的な結果なのだ。つまり、自分の賢不肖や才不能が原因となって、順境や逆境がつくりだされるのである」。原因となる二つを見ておきましょう。

◎賢不肖――勉強して智恵《ちえ》を発揮したかどうか。

◎才不能――才知の働きを鍛えて活用したかどうか。

智恵を発揮し、才能を活用すれば、その結果として順境に身を置くことができます。つまり、原因は自分にあり、自分の境遇は自分でつくることができるのです。この意味で、栄一は自助努力を説いています。

59

道理にかなった行動

鉄道の改札口を通ろうというように、
めいめいあの狭い所をただ己れさえ
先に通ればよいと焦ったならば、
誰も通られぬようになって、
ともに困難に陥るは明白である。

◎狭き門の前で「お先にどうぞ」と譲ってみる

駅の改札口に向かって、われ先にとみんなが押し寄せれば、誰も通ることはできません。そうではなく、相手に譲ったり、順番に通ったりすることです。

◎相手に譲る――「お先にどうぞ」の精神

お先にどうぞと相手に譲るのは、利他の精神です。相手が改札口を通ってから自分が通ろうとすると、「そちらこそ、どうぞ」と逆に譲られることがあります。誰も損をすることなく、しかもある種の爽やかさが残ります。

◎順番に通る――公共の規則を守る行動

規則正しく通るというのは、道理にかなった行動をしようということです。これは公共の秩序を守ろうという考え方です。

このように、駅の改札口の事例を用いて、栄一は公衆道徳を説きました。ここで、駅の改札口を「成功」に置き換えると、成功をつかもうと、われ先に押しかけては、争いになるだけです。成功したいという個人の欲望を認めながらも、その欲望は道理によって秩序づけられ、決して利己主義に陥らないことが大切です。

60

晩年の価値

人の生涯をして価値あらしむるは、
一《いっ》に懸りてその晩年にある。

◎悪天候をくぐった者ほど、晴れの尊さを知る

栄一が好んだ古人の句に、

「天意夕陽《せきよう》を重んじ、人間晩霽《ばんせい》を貴《たっと》ぶ」

というのがあります。晩霽の「霽」は、晴れる、雨が上がる、という意味ですから、晩霽とは夕方に雨が上がって晴れることです。この句の大意を記しておきましょう。

「夕陽《ゆうひ》の素晴らしさは格別である。天は一日のうちでも夕刻を重んじたのだ。人間も同じではないか。一生のうちで晩年をこそ貴ぶべきであろう。夕方の雨上がりはカラッと晴れ上がっているように、晩年は晴れたものでありたいものだ」

この句に託した栄一の思いは、「若いころのいろいろな失敗などは、世間も大目に見てくれるし、気にかけることはない。たとえ、これまでの人生で雨が降ったとしても、大事なことは、晩年に晴れ渡ることだ。晩節がよければ、その一生はよかったと言える。晩霽こそを私は願っている」ということでしょう。

晩霽——これまでの人生がどんな天候であろうと、晩年に晴れ渡っているなら、その人の生涯は価値があったといえるのです。

第7章

勉強の意義

61

成功への動機づけ

道理正しき功名心は、甚だ必要であると思う。
これあるために勉強心も発する、
奮発心も起こるではないか。

◎自分を諦めず、名声を求めるエネルギーを燃やせ

成功し名声を得たいという功名心は、欲望です。人は欲望に駆り立てられているときに巨大なエネルギーを生み出します。大きな仕事も、このエネルギーによって成し遂げることができるものです。

栄一は、欲望を肯定しています。道理に秩序づけられた欲望なら大いに燃やしていいと主張しました。――功名心に話を絞ると、次のように説いています。

「この心がなければ、世に立つこともできなければ、国家を裨益《ひえき》することもできない」

続けて、

「仮にこれ（功名心）**を棄《す》てるならば、人間は遂に乾燥無味でなければ、自暴自棄**（やけになって自分の身を粗末に扱うこと）**に陥らなければやまぬのである」**（『青淵百話』）

もし功名心を棄てると、成功への動機づけが失われ、投げやりな人生になってしまいます。そんな人があふれてくれれば社会は停滞するだけ。社会発展の原動力は、一人ひとりの欲望であり、誰もが「道理正しき功名心」を持つべきでしょう。これは、道理（道徳）と功名心（成功したいという欲望）の合一であり、栄一の成功哲学そのものです。

62

成功の王道

一般に功を焦り過ぎる傾きがあり、
その結果、無理をする人が
多くなったように思われる。
だが、これは決して
立身出世の捷径《しょうけい》ではない。

◎「近道」を選んだ者に、永続きする成功はない

右の言葉の「捷径」とは、近道や早道のことです。大意はこうです。「一般的に、成功しようと焦りすぎるきらいがありはしないか。その結果、無理をする人が多くなったように思う。しかし、これは決して立身出世の近道ではない」

捷径の「径」は『論語』にも出てきます。「行くに径《こみち》に由《よ》らず」（『論語』雍也篇）がそれです。「径」とは、小道、近道、横道のことで、「目標に向かっていくのに、小道や抜け道によることはしない。正々堂々と大道を通っていくのだ」という意味です。

大道を通るとは、王道を歩むことでしょう。実力もないのに成功の果実を得ようとすれば、無理がかかります。実力を養うのは、時間がかかる地道な作業です。だから面倒になって、道理にかなっていない方法で短絡的に成功をつかもうとすれば、それは抜け道を通ることになります。意図的に評判を上げたり、名声をつくろうとして、これをマーケティングだと勘違いしている人や事業者がいますが、本末転倒です。

急がば回れで、力を蓄えることです。近道や抜け道には落とし穴がつきものです。実力がある人は、いったん世に出れば、一時的な成功で終わることがありません。

63

折れない心の保ち方

何事でも倦《う》まず惰《おこた》らず
勉めてやまずんば、
必ず事を成就するに至るものであるが、
多くの人は途中の障碍《しょうがい》に挫折してしまう。
こんな決心の鈍い事では
何事も成し遂げられるものではない。

◎強い決心があれば、どんなに転んでも八起《やお》きする

右の大意はこうです。「何事にも飽きたり怠ったりせず、最後まで努力すれば、必ず思った通りに達成するものだ。しかし、多くの人は、途中の障碍物を乗り越えられずに挫折してしまう。なんと鈍い決心だ。こんな決心では、何事も成し遂げられるものではない」

多くの成功者が異口同音に、「達成するまでやり続ければ、達成することができる。しかし、途中でやめれば、そこまでだ」と教えています。

この当たり前のことが、成功者になれるかどうかの分岐点です。そのためには、栄一の言葉にもあるように、何としても成し遂げるという「決心」をすることでしょう。決心の「決」とは、きっぱり定めることであり、覚悟するということです。

もし二つも三つもやりたいことがあって、同時にやろうとすると、エネルギーは分散してしまいます。その結果、すべてが中途半端なものになります。これでは、覚悟がないのと同じです。そうではなく、何としてもやりたい目標に絞ることです。そして達成するまで諦めずにいると、途中の障碍物を乗り越えられるだけでなく、これに釣られて新たな可能性すら開いてきます。

64

好機をつかむ条件

敗れてもあくまで勉強するならば、
いつかは再び好機会は巡ってくるものである。

◎敗れても、敗れても、勉強すればチャンスはつかめる

人生において「敗れる」ことは珍しくありません。受験に失敗したり、出世で負けたり、左遷されたり、失業したりするなど。そんなときは、どう過ごせばいいのでしょうか。栄一は、勉強することだと言い切ります。失意の時期を充電期間だと受けとめて、平素は忙しくてできなかった勉強をして実力を養っておくことです。そうすれば、いつか好機が巡ってきたときに、そのチャンスをものにすることができるでしょう。

陽明学《ようめいがく》を創始した王陽明《おうようめい》の同時代人に、崔後渠《さいこうきょ》（一四七八〜一五四一）という官僚がいました。彼は、若き皇帝（正徳帝《せいとくてい》）を遊蕩《ゆうとう》にふけらせ、政治の実権を掌握した取り巻きの宦《かん》官《がん》の悪政を諫めて、投獄されます。獄中で彼は「六然《りくぜん》」をつくりました。

得意澹然《たんぜん》（得意なときは、あっさりしている）

失意泰然（失意のときは、落ち着いて動じない）

六然のうちの二句です。得意のときに淡々としている人が、失意にあっては何事もなかったかのように落ち着いているのです。ここに、人物の深みがあります。失意のときに捨て鉢にならず、逆にどっしり腰を据えて勉強することです。

65

座右の一冊

読んで心に残らぬようなことなら、
万巻《まんがん》の書を読破した者でも、
なおよく一冊を記憶する者に及ばぬ訳である。
ゆえに読書の要《よう》は「心記《しんき》」あるに相違ない。

◎記憶したくなる本を一冊持てば、人生は豊かになる

唐宋《とうそう》八大家のひとりである北宋《ほくそう》の宰相・王安石《おうあんせき》（一〇二一〜一〇八六）に、読書することの利点と心得を説いた「勧学文（学問を奨励する文）」があります。『古文真宝《こぶんしんぽう》（前集《ぜんしゅう》）』から、一節を抜き出しておきましょう。

好書は卒《つい》に逢《あ》い難し。（よい書物には、なかなか出会いにくいものだ。）

好書は真《まこと》に致し難し。（よい書物は、まことに入手することが難しい。）

読書人に勧め奉る、（だから、読書人に勧め申し上げる、）

好書は心記に在り。（よい書物は、読んでよく覚えておくことだ。）

右の言葉で、栄一は「読書の要は『心記』あるに相違ない」と述べています。心記とは、この勧学文の「好書は心記に在り」から取ったものです。ちなみに、心記を「読んでよく覚えておく」と訳しましたが、「読んで心に残る」とも解釈できます。

よい本とは心に残る本であり、また心に残るような本でなければ、読む価値は低いでしょう。そんな良書に出会ったら、気に入った一節を記憶することです。栄一は幼少年時代に耽読しただけでなく、読んだ一節をよく暗記していました。

66

三省で記憶力を高める

記憶を強くするには、複雑した記憶法を研究するなどよりも、曽子《そうし》のいわゆる三省《さんせい》を実行するのが何よりである。

◎就寝時に振り返ると、心は整然と落ち着く

栄一の記憶力はとても優れていたようです。記憶する秘訣として、曽子の三省をやったおかげだと語っています。まず「三省」ですが、出典は『論語』で、「吾《われ》、日に吾《わ》が身を三省す（私・曽子は毎日わが身を何度も反省している）」（『論語』学而篇《がくじへん》）とあります。

孔子の晩年の高弟である曽子は、次の三つをみずからに問いました。

①人の相談に乗ったとき、相手のためを考えてまごころを尽くしたか。

②友人と交際したとき、信義に欠けなかったか。

③まだ理解が浅いことを、受け売りで人に教えなかったか。

栄一は床《とこ》につくと、その日に行ったことや、人に話したときの言葉を思いだすのが日課でした。そして、曽子の三省にならって、**「人のために忠実を謀らねばならぬ、友人には信義を尽くさねばならぬ、また孔夫子《ふうし》教訓の道に違《たが》う所はなかりしや」**（『論語講義』）を反省しました（孔夫子の「夫子」は、「先生」という意味です）。

すると、思わぬ効果があったと栄一は言います。その日の出来事がありありと思い浮かんできて、順序よく整理され、強い印象となって記憶に残ったのでした。

67

人物をつくる教育

維新以前の師弟の関係は、甚だ親密であった。
いずれの家塾においても
その教師の人格の高いものほど、
優等なる子弟が輩出するという
ありさまであった。

◎人格でぶつかることが、栄一が理想とした教育であった

明治・大正時代の教育について、栄一はこんな苦言を呈しています。まず、教師の問題として、「生徒に敬虔《けいけん》の念を起こさせていない」と指摘。そのうえで、「（教師の）**徳望、才能、学問、人格がモウ一層進まなければ、その子弟をして敬虔の念を起こさしむることはできぬ**」（『論語と算盤』）と述べ、教師の人物面と学識面に懸念を表明しました。

もちろん、教育制度の問題もあるでしょう。近代的な学校が設立されるとともに、「平等に知識を学ぶ」という画一教育となりました。その結果、教師と生徒との距離は広がり、これでは優れた人物が輩出しない、と栄一は憂えたのです。

そんな近代教育とは逆に、栄一が理想としたのは維新前のあり方でした。師弟関係の中心に置かれたのは、人格を養成することです。栄一によれば、師と弟子の関係は自然と親子のようになったそうで、これを右の言葉で「親密であった」と表現したのです。維新前の親や教師は尊敬される対象でした。そして人格の高い教師のもとには、優秀な子どもが育ちました。もっとも、栄一の理想は属人的な要素が強く、現代では受け入れがたいでしょうが、教えられるところがあります。

68

栄一の引き寄せの原理

磁石力の強い者は
社会に重用されて立身出世するに反し、
磁石力の弱い者は
世の中に出る事は困難なのである。

◎欲しいものを引き寄せるには、自分の磁石力を高めることだ

なぜ、あの人のまわりには人が集まってくるのか。なぜ、上役から引き立てられるのか。なぜ、やりがいのある仕事やお金がやってくるのか。――人間には磁石のような吸引力があると、栄一は言います。

「あたかも磁石が鉄を吸いつけるがごとく、自分の力をもって仕事や地位を吸収し得るのである」（『経済と道徳』）

では、磁石力を強めるにはどうすればいいでしょうか。栄一の答えは二つです。①能力を高めることと、②人柄を養うこと。あなたのまわりに、とんとん拍子に地位が上がり、大きな仕事がやってくる人がいたら観察してください。能力か、人柄か、あるいはその両方が引き寄せているのではないでしょうか。

逆に、能力が不十分で、人柄がよくないと、仕事や地位を弾いてしまいます。そんな人ほど、「自分はツイてない」「まわりが認めてくれない」と不満を漏らしているものです。

本物の実力があって人柄もよいのに、不遇だという人がいたら、その人は静かに勉強しているのではないでしょうか。そして、次のチャンスを引き寄せることでしょう。

69

克己心を養う

克己心を養うには、
まず日常の些事《さじ》に心掛け、
漸次すべての場合に適用するように努めるのが
最も効果がある。

◎未熟な自分を成長させるには、日々「克己心」を養うことだ

倒幕を志した青年期に見られたように、栄一には激しい一面がありました。もし克己心（私心に打ち克つ心）を養わずに尖《とが》ったままであったら、人と衝突して、**「反対論者と刺し違えて死んだかも知れぬ」**（『論語講義』）と、晩年の栄一は述懐しています。

「克己心を養うには、まず日常生活でのこまごましたことから試してみることだ。こうして少しずつ私心を制しながら、次第にあらゆる場合に当てはめてみるよう努力する。こうすることが、最も効果的な方法である」というのが、右の大意です。

実際、栄一は些細《ささい》なことから克己心を養いました。明治終盤の夏の暑い日のこと。汽車旅行をしていた七十歳の栄一は、フロックコートの上着を脱ぐことなく、何時間も座席にきちんと腰かけていました。秘書は暑さに耐えられず、上着を脱いで別の車両に行ったり来たりしていたそうです。また、駅弁を食べるときは、栄一は弁当のフタについた米粒を箸できれいにつまんで食べました。これが日常の心がけです。この汽車旅行のように、暑いなかでもきちんと腰をかけるには、日ごろから私心と格闘することが必要でした。そのかいがあって、若いころは角《かど》があった栄一も円《まる》くなりました（→99項参照）。

70

言い訳しない人生

余《よ》あるを待って人を済《すく》わば、
終《つい》に人を済うの日なし。
暇《か》あるを待って書を読まば、
必ず書を読むの時なし。

◎先延ばししているうちに一生は過ぎ去る

筆者は栄一の書がしたためられた掛け軸を何本か拝見したことがあります。そのうちの一本に、次の二行書があり、心に残っています。筆者なりに訓点を施しておきます。

待ツテレ有ルヲレ余而済ハバレ人ヲ終ニ無シ二済ウレ人ヲ之日一
待ツテレ有ルヲレ暇而読マバレ書ヲ必ズ無シ二読ムレ書ヲ之時一

これら二行は対句《ついく》になっています。「余」と「暇」、「人を済う（済人）」と「書を読む（読書）」に着目してください。この二行書を書き下したのが、右の言葉です。

大意はこうです。「余裕ができたら人を救済しようとしても、結局そういう日は来ないであろう。暇ができたら書物を読もうとしても、きっと書物を読むときは来ないであろう」

金銭的な余裕ができたら、暇な時間ができたらと先延ばししているうちは、何事も成し遂げることができません。「余裕」も「暇」も、言い訳だからです。痛いところを突かれたと思ったのは、筆者だけでしょうか。

第8章

論語を読む

71

栄一の論語観

余の安心立命は、論語すなわち仁義道徳である。
これ実に余の守本尊《まもりほんぞん》で、
終身渝《かわ》らざる金科玉条《きんかぎょくじょう》である。

◎栄一は『論語』を何冊も読みつぶして、堂々たる人生を開いた

栄一がいつも携帯していたのは、『ポケット論語』でした。何か問題が発生すると、この本を取り出して、手当たり次第にページをめくりました。そうすることで思いを巡らし、答えを得ようとしたのです。栄一は何冊も『ポケット論語』を読みつぶしたそうで、ボロボロになると矢野恒太《やのつねた》（一八六五〜一九五一。第一生命の創立者）から新しいのをもらいました。矢野は、社員教育のために私家版として発行していたのです。

では、栄一にとって『論語』とは、どのような位置づけだったのでしょうか。

「これ実に余の守本尊で、終身渝らざる金科玉条である」（『渋沢栄一訓言集』）

と述べ、孔子の言行録である『論語』を守り神としました。このように孔子の教えを徹底することで大過なく、しかも堂々とした人生が開けたのです。現代に生きる私たちは、思いがけない幸運を期待しがちですが、栄一にとっては関心がなかったようで、

「運命とか僥倖《ぎょうこう》とかいう道理以外の禍福は、余の毫も心に関せざるものである」（同書）

と言い切っています。栄一の関心は「道理」にあり、道理が説かれた『論語』にありました。本章では、栄一が守本尊とまで位置づけた『論語』の読み方を見ていきましょう。

72

論語のなかにある真理

孔子のごとき円満なる凡人の典型にして、
その学説が今日に伝えられ、
尊重されているのは、
その所説が偉大なる真理であるためである。

◎二千五百年間、検証されてきた真理は、平凡のうちにある

孔子が活躍した時代は、二千五百年前です。日本では縄文《じょうもん》時代の晩期にあたり、有史以前です。すでに中国では統治国家が形成されていたものの、まだまだ迷信などが満ちていた未開の社会でした。「そのような時に、以後の世を通じて今に至るまで十分通用する道徳を（孔子が）述べたことは、偉大でなくてなんであろう」（宇野茂彦《うのしげひこ》『孔子ものがたり』）と、中央大学名誉教授の宇野茂彦は評しています。

さらに続けて、「真理は常に平凡のうちにあるが最初にそれに気づくことは非凡である。孔子の偉大さはまさにそこにある」（同書）と述べています。実際、単純な真理に気づかされると、視界が開けるものです。

栄一は『論語』を評して、**「章々句々悉《ことごと》くこれ撃てば響くの概《がい》あり、その間に空理空想というようなものが殆《ほとん》どない」**（『処世の大道』）と絶賛しています。大意は「『論語』は約五百の短い章からなるが、どの章にも、どの句にも、打てば響くような趣があり、実際に役立つものばかりで現実とかけ離れたところがない」というもの。孔子の教えは長い歴史によって検証された普遍性の高い教えなのです。

73

論語を規準にする

実際に臨んで心に迷いを生じた時に、論語の教訓を尺度《ものさし》にして批判しさえすれば、人は大過なき一生を送り得らるるのだ。

◎心が曇ってきたら『論語』を開くことだ

右の大意はこうです。「現実の問題に直面して迷いが生じたときに、『論語』の教訓をものさし＝判断規準にして吟味し判定すれば、人は大きな過ちを犯すことなく、安定した一生を送ることができるのだ」

『論語』の記述は極めて簡潔です。読みものとして『論語』を開くと、のれんを押しているようで、手ごたえを感じないかもしれません。しかし、現実の問題で迷っているときには、『論語』の教えは忘れかけていた原点に立ち帰らせる力を持っています。そのためにも、どれだけ深く読み取れるかが、『論語』を「ものさし」にする鍵になります。

超訳された『論語』を手にしても、栄一が期待したレベルでの実用には適さないでしょう。昔の文体で読みにくいですが、栄一が遺した『論語講義』や『処世の大道』という大著があります。両書とも栄一がみずからの体験から『論語』に一貫した解釈を施していて、実務的な事例集になっています。あわせて索引が充実した現代語訳付きの『論語』を用いれば、活用の手ほどきになるでしょう。さらに、次項で紹介する代表的な注釈を交えて読めば、『論語』の深みが感じられます。

74

論語の活用法

論語の解釈はすべからく
これを時代に当てはめて、
これに適応するように解釈すべきであって、
字句に拘泥すべきでない。

◎基礎理解のあとは、『論語』を活学しよう

二千五百年の歴史のなかで、『論語』の注釈は数多く書かれてきました。日本初の法学博士である男爵・穂積陳重《ほづみのぶしげ》（一八五六〜一九二六）は、義父の栄一のために中国や朝鮮版などの『論語』の注釈書を集めました。約一千種類も収集したそうです。これらは戦禍で消失しました。――さて、『論語』には注釈の歴史があります。伝統的な注釈は漢《かん》・唐《とう》代に施された「古注」です。宋代には、朱子が新しい解釈をして「新注」と呼ばれています。しかし、朱子はあまりに自分の考えに合致するよう解釈したので、日本から疑問があがりました。声をあげたのは、江戸時代の儒者である伊藤仁斎や荻生徂徠です。こんなにも長い歴史があるのですから、解釈もさまざまです。これでは「ものさし（判断規準）」にならないのではないかと思われるかもしれませんが、『論語』には一貫した姿勢があります。

私たちが基礎知識なしに『論語』を読むと、現代の感覚や語感から読むので、的外れな解釈になりがちです。これでは自分の「ものさし」を押しつけているだけ。そうならないためにも、最低限の『論語』の理解は必要です。そのうえで「字句に拘泥すべきでない（文字や語句にこだわるべきでない）」という姿勢が望ましいでしょう。

75

論語の深さ

孔子の教えは誠に凡庸であるけれども、
しかし深遠である。
高尚であるけれども、
また一方からいえばごく卑近である。

◎『論語』の深さは「凡庸で深遠」「高尚で卑近」なところにある

右の言葉で栄一は、孔子の教えを「凡庸で深遠」「高尚で卑近」と評しています。近くて遠い孔子像が浮かびあがってきます。では、当時の弟子にとって、孔子とはどのような師だったのでしょうか。門弟第一の秀才であり、将来を嘱望された顔回による孔子評を、栄一の『論語講義』を参考にして、要約しておきましょう。

「夫子（孔子）の道徳を仰ぎ望めば、いよいよ高く及ぶことができない。切り込もうとすれば、いよいよ堅く内に入れない。凝視して、前にあるかと思うと、ふいに後ろにいらっしゃって捕捉しがたい。しかし夫子の教えは順序があって、良く人を誘って道に入らせてくださる。書物（詩書礼楽《ししょれいがく》の文）で私の教養を広め、礼で私の行為を集約してくださる。このように感化されて、途中で学問をやめようと思ってもやめられず、すでに私は心力を尽くしているのだが、夫子はまるで足場に乗っているかのように高みに立っておられ、ついていきたいと思っても手立てがないのだ」（『論語』子罕篇）――門弟たちを順序よく導いていく孔子の姿。この姿に学びやすさを覚え、感化されて学問に精を出すと、とたんに孔子は高みにいて近づきがたいという顔回の評は、栄一の言葉に通底しています。

76

節度を保つ

孔子はその一生を通じて、
喜んで喜び過ぎたり、
また悲しみ過ぎて
我を忘れるような事はなかった。

◎どんなぎりぎりのときにも、孔子は「適度」を守った

愛弟子の顔回が亡くなったときの話です。後継者を失った孔子の悲しみは深く、「天は私を亡ぼした」と嘆きます。弔問で慟哭《どうこく》する姿を見た門人は、「先生は悲しみに過ぎておられた」と記しています。孔子は日ごろから「過ぎてはならない」と教え、また、みずからも過ぎるという振る舞いはなかったので、このときばかりは異例ずくめだったのです。

亡くなった顔回を納める棺《ひつぎ》について、貧困で内棺しかできなかった父の顔路《がんろ》は、「先生の車を頂戴し、これを売って外棺をつくりたいのです」と孔子に願い出ます。顔路も古い門人でした。彼の申し出に対して孔子は、「わが息子が亡くなったときにも外棺をつくらなかったのは、大夫《たいふ》の地位の末席に就いており、徒歩で出入りできなかったからだ」と穏やかに断っています。――栄一は、**「子の葬儀を立派にしたいと思うのは無理もない事であるけれども、決して適度を越してはならぬ。孔子はこの点において自ら守ることが正しかった」**（『処世の大道』）と寸評しました。そのうえで、全体を通して孔子は節度を失うことはなく「過ぎる」ことはなかったと解釈しました。こうして異例ずくめの出来事を含めて、『論語』はものさしとして通用することを証明したのです。

77

仁をもって根本とする

孔子の教えは仁をもって根本とする。
仁は人類社会の幸福増進を目的として
説かれたもので、
孔子の真意はこの人類の
幸福増進のほかにはなかったのである。

◎社会に施すという功績を立てれば、それは仁者どころか聖人だ

右の言葉で栄一は、孔子が何を目指し何をしようとしたのか、を要領よくまとめています。ポイントを記しておきましょう。

◎孔子の教え——教えは多岐にわたっても、その根本は「仁」である。

◎孔子の真意——人類の幸福を増進すること。つまり、みんなを幸せにすること。

『論語』にこんな問答があります。ある弟子が、「もし広く人々に施しをし、よく人々を救う者があれば、それは仁者《じんしゃ》と言えるでしょうか」と問いました。すると孔子は、「そのような人は仁者どころではない。間違いなく聖人だ」（『論語』雍也篇）と答えます。

仁者とは、高徳の人格者です。これに対して聖人は、人格者であるうえに、仁による善政によって人々に恩恵を施した人です。つまり、みんなを幸せにしようと修養した人が「仁者」で、実際にみんなを幸せにしたという功績を立てた人が「聖人」です。栄一はこのように両者を区別し、この問答を**「論語の眼目」**（『論語講義』）だと位置づけました。

聖人とは結果を残した人です。明治・大正時代において栄一が行ったことは、まさに仁による公益の追求であり、人々の幸福を増進することだったといえるでしょう。

78

奇蹟はいらない

孔子に対して信頼の程度を高めさせるところは、奇蹟《きせき》が一つもないという点である。

◎人には奇蹟を扱えない、奇蹟を説かない教えだから規準になる

明治期の啓蒙思想家・西村茂樹《にしむらしげき》（一八二八〜一九〇二）は、人間の生き方についての教えを、世教と世外教の二つに区分しました。

◎世教――「現世」に焦点を当てた教え。世教の主なものは儒教や西洋哲学であり、この世において自分の身を修める道徳や、社会のあり方を扱います。

◎世外教――現世のことも扱うけれども、それより「来世」や「死後の魂」に焦点を当てた教え。世外教の主なものは、仏教やキリスト教です。

世外教は「信仰」を説き、そこには多くの奇蹟が含まれています。栄一は、この点に懸念をいだきました。右の言葉をご覧ください。儒教には奇蹟がひとつもありません。儒教が焦点を当てたのは人間社会であり、この社会でどう生きていくかです。

あるとき、弟子から死について尋ねられた孔子は、「まだ生のこともわからないのに、どうして死のことがわかろうか」（『論語』先進篇《せんしんへん》）と答えます。つまり、「生」こそが問題だったのです。栄一が価値を置いたのは「奇蹟」や「あの世」ではなく、道理にかなった生き方でした。だから、孔子の教えを生きるうえでの規準にしたのでしょう。

79

現実と向き合う

論語には毫も反動的な矯弊的《きょうへいてき》傾向を帯びた趣なく、悉く実際に処する意見ばかりである。

◎偏りがなく現実に向き合っているから、栄一は『論語』を選んだ

右の大意はこうです。「『論語』には、少しも反動的な矯弊的傾向を帯びた内容がなく、すべて現実の問題に対処できる考え方ばかりである」

矯弊とは、悪いところを改め正すことですが、栄一は「前の理論の弊害を正す」という意味で使っています。たとえば、実在するのは心だけだとする「唯心論」が盛んになると、その理論の弊害を正そうとして、物質のみが実在するという「唯物論」が唱えられます。このように、前の理論の行きすぎた短所を正そうとすることを「矯弊」といい、栄一はそういう理論を「矯弊論」と呼びました。

中国古代に現れた「諸子百家《しょしひゃっか》（春秋《しゅんじゅう》戦国時代の多くの学派の総称）」は、すべて矯弊論だと栄一は断じています。孔子の後継者としてみずから任じた孟子《もうし》（前三七二～前二八九）ですら、栄一の評価は**「実地の経済策をずいぶん説いてあるが、理想論に傾く弊《へい》があり、これ**（『孟子』）**を読んでもすぐ行い得られぬ」**（『処世の大道』）と否定的です。

しかし、『論語』は現実の問題に向き合っていて、打てば響きます。栄一が生涯を通して『論語』を規準としたのは、偏りがない教えだからです。

80

論語の間違った読み方

論語はただ無意味に読むだけでは、骨董《こっとう》いじりと同じことである。仁義道徳をもって富力を増進し、それを経国の資料としてこそ、はじめて時勢の真要求に適《かな》うものである。

◎時勢にかなった読み方をしてこそ、『論語』は生かされる

右の言葉は、栄一の『論語』の読み方・活用のしかたを記したもので、大意はこうです。
「ただ目的もなく『論語』を読むだけでは、骨董をいじるように、道楽で古代の教えを手にしているようなものだ。そうではなく、仁義道徳という王道を歩んで富の力を増進し、国を治め経営するための資料として『論語』を活用してこそ、初めて時勢（時代の流れ）の真の要求にかなった読み方ができるものである」

ポイントを整理しておきましょう。

◎目的を持たずに『論語』を読むのは、お遊びのようなものだ。
◎『論語』を指針として、仁義道徳にかなったやり方で富の力を増やすことだ。
◎国家を経営し国を治めるための資料として、『論語』を活用する。
◎以上の観点から『論語』を生かしてこそ、時勢の要求に応えることができる。

右の言葉は国家レベルで述べられていますが、小さな企業でも、個人においても、その読み方は変わらないでしょう。ただ漫然と読むのではなく、企業経営でも、人生の経営であっても、活学の視点を持って『論語』をひもとくことです。

第9章

先人に学ぶ

81

維新の元勲たちの共通点

維新の元勲らに、自らを富まさんとする念なく、
国家を思うの念が先に立ったについては、
私の考うるところでは、
孔子教の感化に与《あずか》って
力があったように思われる。

◎国難に一身をささげ、国家を興隆させた元勲の成功法

維新の元勲たちの思いは、国家を興隆することにあり、彼らには私心がなかった、と栄一は語っています。そして、元勲たちの活躍を評して、

「もし一身に富まさんとするごとき私心があったならば、維新の鴻業《こうぎょう》（大きな事業）**もかのごとく容易に遂げ得られなかったろう」**（『処世の大道』）

と述べています。栄一によれば、元勲たちが国家を第一に考えたのは、儒教（右の言葉では「孔子教」）の感化があったからです。儒教は修己治人《しゅうこちじん》の学であり、治国平天下《ちこくへいてんか》を究極の目標としています。江戸時代に培われた儒教の伝統が、元勲たちをして一身の富貴栄達《ふうきえいたつ》をかえりみさせず、身をもって維新の国事にあたらせたのでしょう。このように、維新の元勲たちの成功とは、一身の富より国家の繁栄にありました。

栄一の成功哲学、つまり①正義人道に基づいて、②国や社会を益するとともに、③自分もまた富むという成功哲学（↓12項参照）は、儒教道徳を背景にしたもので、元勲たちの成功と通じます。儒教はわが国のモラルの根拠であり、自分さえよければいいという利己的な成功法と一線を画していたのです。

82

「維新の三傑」の器量

非凡達識《ひぼんたっしき》の人になると、
一技一能に秀《すぐ》れた
器らしい所はなくなってしまい、
万般に行きわたって奥底の知れぬ
大量大度《たいりょうたいど》の所があるものである。

◎底知れないスケールがあった「維新の三傑」

現代の私たちが、栄一の著述である『論語講義』などを読んで面白く感じるのは、明治維新の英雄たちを引き合いに出しながら、縦横無尽に語っているからでしょう。

たとえば、大久保利通《おおくぼとしみち》（一八三〇～一八七八）、西郷隆盛《さいごうたかもり》（一八二七～一八七七）、木戸孝允《きどたかよし》（一八三三～一八七七）といった維新の三傑についても、栄一は彼らと親しく交際したうえで簡潔な人物評をしています。

まず、三傑に共通するのは、「君子は器ならず（君子は器のようなものではない）」（『論語』為政篇《いせいへん》）ということです。――意味は、君子は器のように特定の用途に用いられる人間ではなく、底知れないスケールがあるということ。何かの用途に役立つのは「小人＝器」で、そんな小人を使うのが君子であることから、この意味でも「君子は器ならず」です。

また個別に評して、大久保利通は何を胸底に隠しているのか、真意を計り知ることができない人物であった、と栄一は言います。西郷隆盛は賢いのか愚かなのかわからないところがあり、賢愚を超越して「将《しょう》に将《しょう》たる君子の趣があった」と評しています。木戸孝允は凡庸でないことがひと目でわかる、という雰囲気を醸し出していたそうです。

83

井上馨の達観力

達観したならば悲観も楽観も
起こるべき道理はない。
さらば達観とは何を指していうか。
余は中庸を得た観察がすなわち、
それであろうと思う。

◎真理は偏りのなかにではなく、中庸に宿る

栄一の真理観は、**「偏せず、党せざるところに真理が含《くみ》まれておる」**（『青淵百話』）というものです。意味するところは、「偏ったところや、与したところに真理はない。ではどこに真理があるかというと、中庸を得たところに真理が宿っている」ということでしょう。これは右の言葉にある「達観」と通じるものがあります。達観とは、悲観や楽観といったどちらかに偏ることなく、何ものにもとらわれずに真理に達することです。このようなものの見方を、栄一は「中庸を得た観察」だと述べたのです。

ところで、維新の元勲たちに、なかなか達観した人物はいませんでした。第二次伊藤《いとう》内閣で内務大臣を務めた井上馨（一八三五～一九一五）は短所に目をつけるタイプで、悲観的な偏向があったと栄一は観察しています。明治のはじめごろ、大蔵大輔の任にあった井上が短所を指摘するたびに、部下の栄一は「ものには長所と短所の両面があるもの。よい面もご覧ください」と進言したそうです。その反対が、早稲田《わせだ》大学の創始者として知られる政治家・大隈重信（一八三八～一九二二）で、何事にも楽観的でした。政策を評価するときも、弊害より、社会に及ぼす効果や利益に目を向けがちだったそうです。

84

伊藤博文の議論力

議論のうえでは好んで他人《ひと》と争われた伊藤公も、
私人としての交際のうえでは
決して他人と争われなかったものである。
議論上での争いは、みな国事に関し、
公《おおやけ》の事に関したもののみである。

◎世のために熱くなっても、私事では慎むのが君子である

初代内閣総理大臣となった伊藤博文《いとうひろぶみ》（一八四一〜一九〇九）の議論のしかたを、栄一は細かく観察していて、興味深いものがあります。

まず、伊藤が武器にしたのは、鋭く的確なロジックと、豊富な知識力でした。そして、実例と証拠をあげながら、相手に有無をいわせないような議論を展開した、と栄一は記しています。こんな順序です。

①実例・証拠によるロジカルな議論で、相手をグウの音も出ないほどに論破する。

②相手が興奮すると、議論の矛先を外して、相手を落ち着かせるよう意見を聞く。

③相手が落ち着くと、再び実例・証拠による議論を展開して、承諾するまで説得する。

しかし、伊藤は、議論のための議論を好んだのではありません。あくまで国を思い、国家をよくするために論争をしました。私人としては論争することはなかったそうです。

ちなみに、人の話をよく聞いたのは、第三代内閣総理大臣となった山県有朋《やまがたありとも》（一八三八〜一九二二）で、自分の意見を述べることは稀でした。正反対なのが大隈重信で、人の話を聞かず、自分の意見を聞かせる一方であったと栄一は評しています。

85

木戸孝允の下問力

下問《かもん》を恥じぬ人にして、
はじめてその名を後代に垂るるがごとき
大人物となり得るのである。

◎目下の人に聞く勇気を持てば、ひと回り大きな人間になれる

衛《えい》の国の重臣であった孔圉《こうぎょ》は、没後に「文子《ぶんし》」という諡《おくりな》を与えられました。諡とは、死後に贈られる呼び名です。――なぜ「文子」という諡が与えられたのでしょうかと問う弟子に対して、孔子は、「敏にして学を好み、下問を恥じず（孔圉は利発な人物であるうえに、学を好み、下問を恥じなかったからだ）」（『論語』公冶長篇《こうやちょうへん》）と解説しました。

下問とは、目下の人に問うことです。自分より年齢や地位が低い者に、「教えてほしい」と尋ねることは、なかなかプライドが許しません。しかし、これを恥としなかったところに孔圉の偉さがある、と孔子は説明したのです。

栄一によれば、明治の元勲で下問を恥じなかった人物は、木戸孝允であった言います。逆にできなかったのが、伊藤博文です。誰かが、伊藤の知らないことを話そうとすると、「そんなことはとうの昔から知っておるぞ」という態度に出たそうです。さらには、天海僧正《てんかいそうじょう》に師事した徳川家康《いえやす》や、「三顧の礼」で諸葛孔明を軍師に迎えた劉備《りゅうび》などが下問を恥じなかった人物で、**「これ**（下問）**を為《な》し得る人が、一代に傑出してその名を後昆《こうこん》**（後の世の人）**に垂るるごとき大人物となり得る」**（『處世の大道』）と栄一は評しています。

86

徳川慶喜の決断力

慶喜公《けいきこう》は不世出の英雄をもって目《もく》せらるるに足るほどの大人物ではもとよりなかったろうが、少なくとも公《こう》の決断力だけは非凡のものであった。

◎政権を譲った慶喜の非凡な「決断力」を学ぶ

明治維新の人物では、十五代将軍となった徳川慶喜《よしのぶ》（一八三七〜一九一三）の決断力は明快で、人に抜きん出ていたと栄一は評しています。第一に、慶喜は天下の形勢がどう動いていくかを推察し、抵抗勢力のなか、強い断行力によって大政奉還したこと。第二に、いったん大政奉還すると、明治の新しい政府にはいっさい関わらないと決意し、その後の四十数年間の余生を趣味などに没頭したこと。以上をまとめて、「非凡な決断力がないと大政奉還できるものではない。その後の趣味の没頭についても、何でもないことに見えるが、決断力なしにはなしえない」といった人物評を栄一は語っています。

そして、新政府の親しい人たちに向かって、「あなた方は政権を取ったと自慢するが、それは慶喜公が政権を返上すると決意したからで、返上するほうが手柄だったのではないか」と意見しました。日ごろから栄一の見解を聞かされていた伊藤博文は、ある機会に慶喜にズバリと尋ねます。慶喜は、「先祖・光圀《みつくに》の遺訓に従ったまででございます」と淡々と答えました。徳川光圀からは尊王攘夷論へと傾斜していく水戸学が生まれています。その返答のようすに感服した伊藤は、「なるほど、偉いお方だ」と栄一に共感します。

87

西郷隆盛の出処進退の心得

人びとから、引退を惜しまれ、
切に引き留められるうちに、
自己の境遇、年齢、健康および
周囲の事情等を考慮して、
身を退くこそ、真の勇退である。

◎登用されたがる人、退き方を心得ている人

リーダーの要件に、「出処進退を明らかにする」という心得があります。出処進退とは、その職にとどまるか退くかを決することで、ことにあたっての身の処し方をいいます。ヒントは『論語』にあります。孔子は、愛弟子の顔回にこう語りました。「之《これ》を用うれば則《すなわ》ち行い、之を舍《す》つれば則ち蔵《かく》る。唯《ただ》我と爾《なんじ》と是《こ》れ有るか」（『論語』述而篇《じゅつじへん》）

現代語訳はこうです。「任用されたら、世に出て治国安民に尽力する。解任されたら、静かに隠れて暮らす。このように出処進退を心得ているのは、私とお前だけだよ」

私とお前とは、孔子と顔回です。優秀な人材が集まっていた孔子の学《まな》び舎《や》で、身を処す心得があったのは、彼らだけというほど出処進退は難しいことです。ちなみに、「用舎行《ようしゃこう》蔵《ぞう》（用うれば行い、舎つれば蔵る）」という成語は、『論語』のこの章に由来します。

栄一によれば、維新の人物で出処進退の心得があったのは、徳川慶喜、西郷隆盛、西郷従道《じゅうどう》の三人です。逆に、大久保利通、大隈重信、伊藤博文は、自分を任用しなければ、みずから進んで任に就こうとしたと評しています。出処進退のなかでも、困難なのは「退くこと」です。右の言葉はこのタイミングを教えています。

88

栄一の淳樸力

如何に智慧《ちえ》があっても、人情に淳樸《じゅんぼく》な所がないと、とかく悪い事をするようになりがちのものである。

◎心に「淳樸」の二字がそなわっていないと信頼されない

第五十六～五十七代の内閣総理大臣を務めた岸信介《きしのぶすけ》（一八九六～一九八七）。彼は戦後、A級戦犯の容疑を受けて巣鴨拘置所に収監されたことがあります。社会から隔絶された三年間の拘置所生活のなかで岸を慰めたのは、栄一の『処世の大道』でした。七回繰り返して読み、のちに感想を発表しました。右の言葉については、こんな所感を付しています。

「人情において淳樸、即《すなわ》ち飾りけがなく、策略がなく、ありのままの真心のあるものでなければならないとの翁（渋沢栄一翁）の教えは、全く私共の拳々服膺《けんけんふくよう》（心に銘記し、つねに忘れないこと）しなければならぬところである」（岸信介『論語と渋沢翁と私』）

岸は、「淳樸」の二字を重く受けとめたのです。――「淳」とは水を注ぎかけるの意で、清く飾りけがないこと。「樸」は切り出したまま加工していない木の意で、ありのままということです。世俗で生きているうちに、人は自分をよく見せようと飾り（アクセサリー）を身にまとうだけでなく、心も飾って赤子《せきし》の心を失います。これらは虚飾です。そんな虚飾をさっぱり洗い流した姿を「淳樸」というのです。人の心において淳樸であることの大切さを、岸と同様に感じていたのは、維新の英雄たちだったでしょう。

89

維新の元勲たちの至誠力

至誠をもって、わが衷情《ちゅうじょう》を表顕して
人に対するならば、
いかに交際がへたでも、
必ず対手《あいて》に通ずるもので、
ことさらに法や術を用いる要はない。

◎私利私欲のない人に、心理操作術は通用しない

心理学を応用した「説得法」や「コントロール術」があります。これを学んで、他人を動かそうとする人がいるようですが、栄一なら眉をひそめるに違いありません。

そもそも、明治維新の英雄たちに心理操作術は通用したでしょうか。——おそらく、至誠（まごころ）がなければ、相手に響くことはなかったでしょう。人を動かすのは、ウソ偽りがない心、前項で説明した「淳樸な心」です。心理操作術に頼るより、相手の心に響く人間性が求められます。栄一が、**「ことさらに法や術を用いる要はない」**（『渋沢栄一訓言集』）と、右の言葉で述べている通りです。

では、もし心理操作術に効果があるとすれば、誰に対してでしょうか。——この種の操作術は、相手の私利私欲につけ込んで効果を発揮します。たとえば、心のどこかで儲けたいと思っていると、そこにつけ込んだ儲け話にコロリとだまされるのです。

私利や私欲がなければ、そんなものに人は操られません。国家のことを第一に考えた維新の英雄たちに、心理操作術が通用しなかったのは、彼らが私利私欲を超越していたからです。

90

九代目市川団十郎の変革力

職業の如何を問わず、総じて秀れた人物は、
何か新しい発明をするもので、（中略）
九代目団十郎《だんじゅうろう》もまた
従前の歌舞伎劇演出法に一大変革を与え、
一新紀元を画したのである。

◎舞台に現れると、その品格に観客は姿勢を正した

明治時代に活躍した歌舞伎俳優の九代目市川《いちかわ》団十郎（一八三八〜一九〇三）は、時代考証を重視した演劇を上演して、歌舞伎の演出に大きな変革をもたらしました。従来の演劇は、荒唐無稽なものであり、団十郎はこれを改めたのです。

団十郎と面識があった栄一は、右の言葉で「秀れた人物は、何か新しい発明をする」と述べ、団十郎の演出を褒め称えました。そして、**「ちょうど私が合本組織の株式会社を起し、これによって産業の振興を計り、国富を増大せんとしたのと同じ消息《こと》で、ここに多少の新発明がある」**（『處世の大道』）と、共通点を見いだしています。

また、団十郎が歌舞伎俳優の社会的地位の向上に努めた点でも共通点がありました。栄一は農工商業者の品位を高めるために『論語』を拠りどころにしましたが、団十郎は町人の娯楽であった歌舞伎を、日本文化を代表する芸術の域にまで高めようとしました。

どんな炎暑でも肌を脱いだり、足を崩したりせず、団十郎はみずから品行を慎みました。観客は、舞台に出た団十郎を見ると自分の姿勢を立て直して、ちゃんと座り直したといいます。克己心を養おうとした栄一の姿と通じます（→69項参照）。

第10章

日々の習慣

91

毎日の心がけ

事物の成敗利鈍《せいはいりどん》の外に超然として、
道理に則《のっと》って一身を終始するならば、
価値ある一生を送る人ということができる。

◎日常の心がけに「真の成功」への道がある

右の大意はこうです。「成功か失敗か、賢いか愚かかといったことにとらわれず、道理に則してその身をまっとうするならば、それは価値ある一生だと言える」

成功・失敗、賢い・愚かなど、どうでもいいという意味ではありません。とらわれてはならない、と述べているのです。そのうえで、栄一はもっと大切な「道理＝人が踏み行うべき道」を歩むことに目を向けさせます。

本章では、道理に則して日々を送り、小事を疎かにしない生き方を見ていきましょう。

真の成功者となるには「日常の心がけ」が大切だからです。

いつの時代も成功した人が身につけているものの見方は「大局観」でした。大局観とは、全体を把握し、情勢を見据えたうえでの見識です。栄一は、**「一時の成功とか失敗とかいうことは、長い人生には、泡沫《ほうまつ》のごときもので、さまで意に介すべきものではない」**（『渋沢栄一訓言集』）と勇気づけます。大局観を持てば、ぬか喜びしたり落ち込んだりすることはありません。このように大きく見据えるのとは裏腹に、着手するのは小事です。淡々と小事を積みあげていくところに、人としての道があります。

92

円熟した処世法

世の中に処して行くのには、
形勢を観望して、
気永《きなが》に時期の到来を待つという事も、
決して忘れてはならぬ心がけである。

◎潮目が変わる一点を狙い、あとは淡々とした日々を送っていく

右の言葉の「形勢」を平たくいえば「なりゆき」ということで、物事がどう変化していくかという流れのことです。

世の中は、まさに流れそのものです。その背景には、大きな因果関係が働いていると栄一は言います。ある事情が原因となって世の中が動いているときは、いくら形勢を変えようと横槍《よこやり》を入れても無駄で、結果は変わりません。

成功するには横槍ではなく、好機をつかむことです。右の言葉の**「時期**（時機）**の到来を待つ」**（『處世の大道』）とは、形勢を転換できる飽和点を見定めることで、潮目が変わる一点を捉えること。しかも焦りは禁物で、気長に時機の到来を待つことです。

他方で栄一は、自分の信念が曲げられそうなときには、「妥協するのではなく、争ってでも信念を通す気概を持て」と教えます（↓55項参照）。

好機を待つ自制心と、争う気概とをわが身に秘めながら、なりゆきを見定めつつ、淡々と日々を送っていく。これが世の流れに従いながらも、なりゆきに流されない日常の心がけでしょう。

93

正しいものさし

物事は何に限らず、
道理に照らしてその是非を判断するのが
最も安全な法である。

◎「道理」のものさしに照らせば、道を誤ることはない

ここに「私利」「利他」「道理」という三つのものさしがあるとしましょう。これらを比較して、栄一は三番目のものさしを「日常の心がけ」にすることを勧めました。

①私利のものさし——得か損かを計算して、自分の利益を図るものさしです。欲望に根ざしているので自然に発達します。しかし、「利によりて行えば、怨み多し」(↓37項参照)と警告するように、人から恨みを買いかねません。長い目で見れば、身を滅ぼします。

②利他のものさし——他人の利益を図ろうとするものさしです。一見よさそうに見えますが、落とし穴があります。「宋襄《そうじょう》の仁《じん》(無用の情けをかけること)」です。

紀元前の昔、河を渡ろうとする敵軍の陣列が乱れ、攻撃のチャンスが生まれます。このとき、宋の襄公《じょうこう》は「卑怯《ひきょう》なことはしない」と攻めず、敵陣が整うまで待って大敗。この情けを、人々は「宋襄の仁」だと笑いました。利他では「宋襄の仁」になりかねません。

③道理のものさし——人の道に照らして、理にかなっているかどうかを判断します。これは単純なものさしではありません。しかし、道理に照らして是非を見極める人は道を誤らず、そんな人になるには、長い歴史に鍛えられた規準を持つことが必要です。

94

三つの人物観察法

視、観、察の三つをもって、
人を識別せねばならぬものだというのが、
孔夫子の遺訓である。

◎「行為」「動機」「満足する点」の三層観察法で、心は丸裸になる

人の心は見えません。これを見抜こうとする知恵が、人物観察法です。栄一が日ごろから用いた孔子の観察法である「その以《な》す所を視《み》、その由《よ》る所を観《み》、その安んずる所を察《み》れば、人焉《いずく》んぞ廋《かく》さんや、人焉んぞ廋さんや」（『論語』為政篇）を紹介しましょう。

◎視――「以す所＝外面に表れた行為」を視ること。
◎観――「由る所＝その行為の背景にある動機」を観ること。
◎察――「安んずる所＝その人の満足や安心している点」を察ること。

たとえば、親切な行為をしながら、裏ではその人に取り入ろうとすることが動機かもしれません。また、行為も動機も正しいからといって、**「その安んずる所が飽食・暖衣・逸居するにありというようでは、その人はある誘惑によっては意外の悪をなす」**（『論語講義』）かもしれません。そこで栄一は、視・観・察の三層一体による観察を勧めたのです。

この観点から『論語』為政篇を現代語訳しておきましょう。「人を見定めるには、三層による観察をすることだ。その人の行為を注視すること。その人の動機を観取すること。その人が満足しているところを推察すること。そうすれば、その人の性質は隠せない」

95

恭敬の徳

恭・敬・恵・義の四徳は、
いずれも人になくてならぬものであるが、
なかんずく恭敬の徳は処世上に
欠くべからざるものである。

◎礼を重んじた栄一は、「あなた」「私」で通した

栄一が「君」「僕」という呼び方をせず、「あなた」「私」で通したのは、礼を重んじたからです。新政府で働いていた官僚時代のこと。栄一の家を訪ねてきた長州《ちょうしゅう》出身の同僚たちは、ろくに挨拶をしないうちから、「暑いのう」と声をかけてきました。親しみを込めたのかもしれません。しかし、栄一は、そんな雑なつき合いに驚きを覚えます。

人と交わるうえで、栄一は「恭」「敬」を大切にしました。——右の言葉の恭・敬・恵・義の四徳の出典は『論語』です。「その己を行うや、恭。その上《かみ》に事《つか》うるや、敬。その民を養うや、恵。その民を使うや、義」（『論語』公冶長篇）とあります。

◎恭——自分の振る舞いは、恭謙にして驕らないこと。
◎敬——人に仕えるには、尊敬を第一として礼を失わないこと。
◎恵——人を育てるには、恵深く情けをかけること。
◎義——人を使うには、公平にして恨みがないようにすること。

これらは教養人がそなえるべき四条件です。恭・敬が欠けると、人からの支援が得られず、成功するものもできなくなります。

96

私意を断つ

意、必、固、我の四つは、
誰にもなくてはならぬものであるが、
この四つには決して私《わたし》があってはならない。

◎「自分勝手な心」が過ぎると、日常はギスギスする

孔子は「私意（自分勝手な心）」を退けようとして、意、必、固、我の四つを慎みました。

出典は『論語』で、「四つを絶つ。意なる毋《なか》れ、必なる毋れ、固なる毋れ、我なる毋れ」（『論語』子罕篇）です。

◎意――心のなかで利益をあれこれとはじき、独善的な計算をすること。

◎必――こうあるはずだと先入観を持つこと。

◎固――かたくなで譲らず固執すること。

◎我――自己中心の思いにとらわれて、円満を欠くこと。

栄一は、「意、必、固、我」の四つは生きていくうえで必要なものだと言います。ただ、この四つに私意があると、道理にかなわない行動をしがちになり、私意を慎むことが大切だと忠告したのです。――まず、「意」から私意を慎めば、独善的になりません。「必」から私意を慎めば、先入観から解放されます。「固」から私意を慎めば、何かに固執することはなくなります。「我」から私意を慎めば、人と和し道理に従うことができます。

このように私意を慎めば、びっくりするほど日常を円満に送ることができます。

97

九か条の心がけ

いつの場合でも孔子の所謂《いわゆる》「九思《きゅうし》の教」を守るように心掛け、自分の盲動が道理にもとらぬように努めてきたつもりである。

◎九か条から、あなたに必要な三つを選んでみよう

激動の時代に栄一が順当な人生を送り、志を遂げることができたのは、孔子が教える「九思（九か条の思慮）」（『論語』季氏篇《きしへん》）を守って、克己（→69項参照）に努めたからです。

①視るには「明」――見るときは、何かで覆うことなく明らかにする。
②聴くには「聡《そう》」――聞くときは、誤ることなく耳さとくする。
③顔色は「温」――顔つきは、にこやかに柔らかくする。
④態度は「恭」――身ぶりは、礼儀正しく慎み深くする。
⑤言葉は「忠」――ものを言うときは、ウソをつかず言行一致を心がける。
⑥仕事は「敬」――仕事をするときは、軽はずみがないよう慎重に行う。
⑦疑問には「問」――疑わしい点は、問いを発することで解決する。
⑧怒りには「難」――腹が立っても、われを忘れず、どんな後難があるかを考える。
⑨利得には「義」――利益を前にして、それが道理にかなうかどうかを考える。

以上の九か条のうち、普段できているものに「○」、できていないものに「×」をつけてみれば、これから心がけるべきものが浮かびあがってくることでしょう。

98

事務家に求められる性格

事務家には、如何なる性格の人がもっとも適当であるかというに、余は常識の完全に発達した人と答える。

◎偏りのない人物が、太平の世で成功をつかむ

維新を経て、明治の社会に新たな秩序が生まれました。すると、求められる人物像も変わります。栄一は、**「かの乱世**（幕末維新のころ）**に出《い》でて天下を平定した英雄や、革命に加わって事を画策する豪傑のごとき性格は、これを必要としない」**（『青淵百話』）と述べ、太平の世に求められる人物像を、次の要件がそなわった「常識人」だとしました。

①実直であること――正直・親切で、道徳を大切にする。
②勤勉精励であること――まじめにがんばることで、成功の要素となる。
③着実であること――処理するのに手ぬかりがない。
④活発であること――停滞することなく、直ちにやりこなす。
⑤温良であること――穏やかで素直なこと。謙譲の美徳があり、丁寧である。
⑥規律を重んじること――社会や集団の秩序を守れる。
⑦耐忍力があること――成功や完成するまでやり抜く。

以上は現代にも通用するでしょうが、社会の発展に伴って、求められる要件は変わってきます。現代では、自分の頭で考える主体性や独創力なども必要でしょう。

99

人間に必要な「角」

人間には円くとも、
どこかに角がなければならぬもので、
古歌にもあるごとく、
あまり円いとかえって
顚《ころ》びやすい事になる。

◎こんなときに働いてこそ、生きている申し訳が立つ

大正十二（一九二三）年、死者十万余にのぼった関東大震災が発生しました。八十三歳の栄一は兜町《かぶとちょう》の事務所で被災し、危ないところを脱すると、現在の飛鳥山《あすかやま》公園にある自宅にたどり着きます。余震が続くなか、栄一は横になると、すぐにイビキをかき始めました。

「なるほど、大きな仕事をする人は、無駄な神経を使わないものだ」

と、余震のために眠れずにいた子息の渋沢秀雄は、感心したそうです。

翌朝、自宅門前の芝生には、都心から焼け出された群衆の流れがうずめ尽くしていました。玄関の前で椅子に腰かけた栄一は、家族や配下の者たちに善後策を指示します。秀雄は兄と相談し、郷里に避難するよう栄一に勧めますが、

「私のような老人は、こんなときに働いてこそ、生きている申し訳が立つというものだ。これしきのことを恐れて、八十年も生きて来られたと思うのか」

とピシャリと遮り、休む間もなく大震災善後会副会長や、帝都復興審議会委員を務めます。円いと言われた栄一が、いざというときには有無をいわせぬ行動を取りました。老年期においても、その余生を自分のためではなく、世のために使ったのです。

100

老年期の生き方

人はその生命の有らん限りは
精神の存在者であって、
肉塊の存在者とはなりたくない。
まだあの人は生きているかと言われるのは、
これ実に肉塊の存在者である。

◎人は精神的な活動を続けているかぎり、いつまでも若い

右の大意はこうです。「いくら老年になろうと命があるかぎり、人は精神的な存在であるべきで、肉体だけの存在にはなりたくないものだ。まだ、あの人は生きているのか、と言われるようでは、生ける屍《しかばね》である」

栄一は、老年期に社会のお荷物になっては申し訳がない、と考えました。ただ生きているだけでは、生ける屍（肉体的に生きているだけで、精神的には死んだも同然の人）です。精神的に生きるには、自分がどう生きるか考える力を持つことです。

栄一が老年期をどう生きたかは、すでに述べてきました。その人生観がわかる一冊に、明治四十五（一九一二）年に出版された『青淵百話』があります。書名の「青淵」は栄一の雅号です。この本は、七十歳になった栄一が一年九か月にわたって人生観などを口述したもので、みずからが信じるところを、その人生において試し、効果があったことだけを話したそうです。そして、できあがった原稿には毛筆で丁寧に修正を入れました。――人はどんなに年を取っても、向上心や貢献心といった心の力を失わなければ、まわりの役に立ちながら学び、働くなど、精神的に生きることができるでしょう。

参考・引用文献

漢字や仮名遣いを現代表記に改めるとともに、読みやすくするために一部の漢字やカタカナをひらがなにした。また、意味を損なわない範囲で送りがなや句読点などを整理した。なお、渋沢栄一の年齢表記は原則として満年齢である。

渋沢栄一『渋沢栄一全集』（全六巻）平凡社
渋沢栄一『青淵百話』同文館（『渋沢百訓』角川ソフィア文庫は、『青淵百話』を現代表記に改めていて読みやすい）
渋沢栄一『處世の大道』実業之世界社
渋沢栄一『論語と算盤』忠誠堂
渋沢栄一『経済と道徳』日本経済道徳協会
渋沢栄一『論語講義』（全七巻）講談社学術文庫
渋沢栄一『青淵回顧録』（上下巻）青淵回顧録刊行会
渋沢栄一『論語を活かす』明徳出版社
渋沢秀雄『渋沢栄一』時事通信社
渋沢秀雄『明治を耕した話』青蛙房
渋沢秀雄『父　渋沢栄一』実業之日本社

渋沢青淵記念財団竜門社・編『渋沢栄一訓言集』国書刊行会
公益財団法人　渋沢栄一記念財団・編『渋沢栄一を知る事典』東京堂出版
土屋喬雄『渋沢栄一』吉川弘文館
白石喜太郎『渋沢翁と青淵百話』日本放送出版協会
岸信介『論語と渋沢翁と私』（全三巻）実業之世界社
穂積重遠『新訳論語』社会教育協会
伊藤仁斎・著、貝原茂樹、内藤戊申、伊藤道治・訳『論語古義』（貝塚茂樹・編『日本の名著　伊藤仁斎』中央公論社所収）
荻生徂徠・著、小川環樹・訳『論語徴』（全二巻）平凡社
宇野茂彦『孔子ものがたり』斯文会
正岡子規『病牀六尺』岩波文庫
西村茂樹・著、吉田熊次・校『日本道徳論』岩波文庫
P.F.ドラッカー・著、野田一夫、村上恒夫・監訳『マネジメント』（全二巻）ダイヤモンド社
P.F.ドラッカー・著、上田惇生・訳『断絶の時代』ダイヤモンド社
栗山英樹・著、小松成美・構成『育てる力』宝島社

渋沢栄一　略年譜

一八四〇年（天保十一）……二月十三日（旧暦）、武蔵国榛沢《はんざわ》郡血洗島村（現・埼玉県深谷市）に、父・市《いち》郎右衛門《ろえもん》、母・栄《えい》の長男として生まれる。

一八四五年（弘化《こうか》二）……五歳から、父より読書を授けられる。また、七歳から、従兄の尾高惇忠より四書五経などを学び、学問に傾倒していく。漢書のほかにも、『通俗三国志《つうぞくさんごくし》』や、『里見八犬伝《さとみはっけんでん》』などを夢中で読む。

一八五六年（安政三）……十六歳　父の名代で陣屋《じんや》に出頭。不合理な御用金を申しつけられ、官尊民卑の社会に怒りを覚える。この二年後に、尾高惇忠の妹・千代と結婚。

一八六三年（文久三）……二十三歳　尾高惇忠らと倒幕決起を計画するが、惇忠の弟・尾高長七郎の説得により中止し、京都へ逃れる。翌年、一橋家に出仕し、家政の改善に努める。

一八六七年（慶応三）……二十七歳　徳川慶喜の弟・昭武に随行してパリ万博に参加するため、フランスに渡航。欧州諸国の実情を見聞し、①株式会社制度、②民主主義社会、③トップセールスの三つを、驚きをもって摂取する。

一八六八年（明治元）……二十八歳　大政奉還により、帰国。慶喜と静岡で面会。翌年、静岡にて、初の株式会社（当時は「合本組織」）である「商法会所」を設立。まもなく、大隈重信に説得され、民部省（大蔵省）租税正《そぜいのかみ》に就任。東京・湯島《ゆしま》に転居。

一八七三年（明治六）……三十三歳　財政改革の主張が入れられず、井上馨とともに辞職。第一国立銀行開業。商工業の振興によって国家を繁栄させようと志す。以降、日本《にっぽん》郵船、王子《おうじ》製紙、東京瓦斯《ガス》、札幌麦酒《さっぽろビール》など約五百もの営利会社に関与。また一橋大学などの教育事業、国際親善、社会事業など六百余に関与する。

一八八二年（明治十五）……四十二歳　妻・千代死去。翌年に伊藤兼子《いとうかねこ》と再婚。

一九〇〇年（明治三十三）…六十歳　実業家では初めてとなる男爵を授与される。また後年、八十歳で子爵を授与される（他の大実業家は男爵止まりであった）。

一九二三年（大正十二）……八十三歳　関東大震災の復興に尽力する。大震災善後会副会長、帝都復興審議会委員を務める。

一九三一年（昭和六）……十一月十一日永眠。享年九十一。

本書は、2020年11月に弊社より刊行された同名の本の新装版です。

渋沢栄一《しぶさわえいいち》 運命《うんめい》を切《き》り拓《ひら》く言葉《ことば》 愛蔵版《あいぞうばん》
「日本資本主義《にほんしほんしゅぎ》の父《ちち》」が実践《じっせん》した究極《きゅうきょく》の成功哲学《せいこうてつがく》

2024年2月29日　第1刷発行

著　者　渋沢栄一《しぶさわえいいち》
解　説　池田《いけだ》 光《ひかる》

ブックデザイン　福田和雄(FUKUDA DESIGN)
画像加工　武中祐紀

発行人　畑 祐介
発行所　株式会社 清談社Publico
〒102-0073
東京都千代田区九段北1-2-2 グランドメゾン九段803
TEL:03-6265-6185　FAX:03-6265-6186

印刷所　中央精版印刷株式会社

ISBN 978-4-909979-56-8 C0030

清談社
Publico

https://seidansha.com/publico
X @seidansha_p
Facebook https://www.facebook.com/seidansha.publico